AF346563

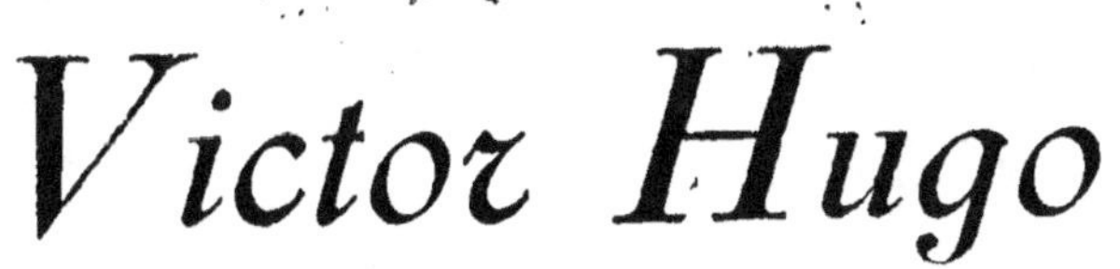

Victor Hugo

à Guernesey

SOUVENIRS PERSONNELS

PAR

PAUL STAPFER

Doyen honoraire de la Faculté des Lettres de Bordeaux

OUVRAGE ORNÉ DE NOMBREUSES REPRODUCTIONS DE PHOTOGRAPHIES INÉDITES
ET DE FAC-SIMILE D'AUTOGRAPHES

PARIS

SOCIÉTÉ FRANÇAISE D'IMPRIMERIE ET DE LIBRAIRIE

ANCIENNE LIBRAIRIE LECÈNE, OUDIN ET Cie

15, RUE DE CLUNY, 15

1905

Victor Hugo à Guernesey

DU MÊME AUTEUR

Shakespeare et les Tragiques grecs (nouvelle édition), 1 vol. in-12 .... 3 50

Paradoxes et Truismes d'un ancien doyen (Fischbacher), 1 vol. in-12 .... 3 »

Des réputations littéraires. Essais de morale et d'histoire (Fischbacher), 2 vol. in-12 .... 7 »

Racine et Victor Hugo, 6e édition (A. Colin), 1 vol. in-12. 3 50

Victor Hugo et la grande poésie satirique en France (Ollendorff), 1 vol. in-12.... .... 3 50

Montaigne (collection des grands Écrivains français), Hachette, 1 vol. in-12............... . . .. 2 »

La famille et les amis de Montaigne (Hachette), 1 vol. in-12.......................... .. .. 3 50

Molière et Shakespeare, 4e édition (Hachette), 1 vol. in-12 .... 3 50

Rabelais, sa personne, son génie, son œuvre, 4e édition (A. Colin)...................... ... ... 4 »

Laurence Sterne (Fischbacher), 1 vol. in-8"...... 7 »

Drames et poèmes antiques de Shakespeare (Fischbacher), 1 vol. in-12............ .... 3 50

Les tragédies romaines de Shakespeare (Fischbacher), 1 vol. in-12 .... 3 50

Gœthe et ses deux chefs-d'œuvre classiques (Fischbacher), 1 vol. in 12.... . ... 3 50

Variétés morales et littéraires (Fischbacher), 1 vol. in-12....... .... 3 50

Études sur la littérature française moderne et contemporaine (Fischbacher), 1 vol. in-12. ..... . 3 50

La grande prédication chrétienne en France : Bossuet, Adolphe Monod (Fischbacher), 1 vol. in-8". 7 50

Billets de la Province, par Michel Colline (Stock), 1 vol. in-12........ .. .. 2 »

Hauteville House.

Au jeune et éloquent
critique M. P. Stapfer

Victor Hugo

<del>VICTOR HUGO.</del>

LA VOIX DE GUERNESEY

H. H. mai
1868

Victor Hugo à Guernesey

SOUVENIRS PERSONNELS

PAR

PAUL STAPFER

Doyen honoraire de la Faculté des Lettres de Bordeaux

OUVRAGE ORNÉ DE NOMBREUSES REPRODUCTIONS DE PHOTOGRAPHIES INÉDITES
ET DE FAC-SIMILE D'AUTOGRAPHES

PARIS

SOCIÉTÉ FRANÇAISE D'IMPRIMERIE ET DE LIBRAIRIE

ANCIENNE LIBRAIRIE LECÈNE, OUDIN ET Cie

15, RUE DE CLUNY, 15

1905

Je dois la plupart des illustrations de ce volume à feu Arsène Garnier, photographe, que je connus familièrement à Guernesey et qui me donna de nombreux portraits, de Victor Hugo surtout, dont je ne puis ici présenter qu'un choix.

La photographie de Charles et de François Hugo, les vues extérieure et intérieures de Hauteville House, m'ont été très obligeamment offertes par M. Paul Meurice, auquel j'exprime ici toute ma reconnaissance.

N'ai-je pas l'agréable devoir de remercier aussi M. Ganderax, non seulement pour l'accueil hospitalier qu'il a fait à ces pages dans **la Revue de Paris**, mais pour un tel soin à revoir le texte, avec les épreuves, qu'une aide si vigilante devient une véritable et précieuse collaboration ?

P. S.

VICTOR HUGO A GUERNESEY

SOUVENIRS PERSONNELS

I

Guernesey. — Le collège Elizabeth. — La société de l'île.
— Hauteville Street. — « L'homme à la jambe de prince. »
— Première conversation avec Victor Hugo. — Racine
et Taine. — Hauteville House. — Hygiène et toilette
du poète.— Les pieuvres. — Veuillot. — Gœthe. — La
musique allemande. — Deux vers de Racine. — Boileau.
— Les déjeuners des enfants pauvres. — Arbre de
Noël. — Rencontre à Firmin-Bay.

Licencié ès lettres par l'indulgence de la
Sorbonne, je n'avais en tête que cette idée
très vague : « faire de la littérature », sans
savoir précisément sous quelle forme ni dans

quelles conditions. J'aurais visé tout de suite, sans perdre un temps précieux, l'agrégation ou le doctorat, si j'avais eu vraiment la vocation de l'enseignement; mais je flânais, je rêvais, j'attendais je ne sais quoi, et, sous l'impulsion de Taine, de Sainte-Beuve, de Scherer et de Hegel surtout, dont j'avais lu avec enthousiasme le *Cours d'Esthétique* dans l'indigeste traduction française en cinq volumes in-octavo, j'écrivis mon premier livre, intitulé *Petite Comédie de la Critique littéraire ou Molière selon trois Écoles philosophiques*, composition touffue et bizarre dédiée au philosophe Vacherot.

Les conférences de dissertation française préparatoires à la licence, gratuitement données par ce maître dans la généreuse école Sainte-Barbe, — où professaient aussi, avec le même désintéressement, Despois, Paul Mesnard, Guérard, Vapereau, — m'avaient laissé le souvenir d'un régal bien rare de l'esprit. Cet homme extraordinaire ne savait pas

parler et il était éloquent. C'était un char-
meur et un excitateur d'idées sans pareil. Plein
de la pensée qu'il voulait rendre, il n'achevait
pas ses phrases, ne trouvait pas ses mots, et
nous restions suspendus à ses lèvres avec une
attention passionnée et profonde. Nous l'ado-
rions pour sa belle indépendance intellectuelle et sa résistance courageuse à M. Cousin,
pour son libéralisme et son opposition à
l'Empire. Après ses leçons, nous le recon-
duisions jusqu'à sa porte, rue Saint-Jacques,
pour l'entendre nous parler encore.

Cependant il fallait vivre; mais comment ?
c'est la question fondamentale. Les frais d'impression de mon premier ouvrage, tous à
ma charge, bien entendu, c'est-à-dire à celle
de ma famille, s'étaient élevés à un peu plus
de onze cents francs, d'où l'on peut retrancher
quarante-trois francs et quelques centimes
représentant le produit total de la vente.
J'occupai, comme professeur privé, une suite
de positions précaires, plus ou moins lucra-

tives, et je fus notamment, durant quelques années, précepteur chez M. Guizot, après avoir rempli la même fonction auprès du fils de M. William Waddington.

En 1866, le collège royal Elizabeth de l'île de Guernesey cherchait un *french master* qui eût dans l'Université de France quelque titre, afin que les professeurs de ce collège, sortis des grandes universités anglaises, n'eussent pas trop à rougir de l'avoir pour collègue. Les personnes chargées à Paris d'en trouver un entendirent parler de moi par hasard et me firent leurs offres. Je les trouvai acceptables. On sait, par de cyniques aveux échappés à ma plume (1), que l'essentiel pour moi, dans tous mes enseignements particuliers ou publics, y compris mes professorats de Facultés, a toujours été de ne pas faire de cet exercice mon occupation principale et de pouvoir y

____

(1) *Paradoxes et truismes d'un ancien doyen,* p. 46, 52, 56, 93, etc.; *Des Réputations littéraires,* t. II, p. 412 et suivantes.

réserver le meilleur de mon temps à mes travaux personnels. Cette condition première me parut suffisamment assurée dans l'emploi de maître de français au collège Elizabeth. Je vis, après une courte enquête, que j'aurais à Guernesey le loisir de faire mes thèses de doctorat, dont j'arrêtai alors les sujets, tirés, pour l'une et pour l'autre, de la littérature anglaise. Apprendre un peu d'anglais pour la circonstance ne pouvait pas être superflu. Je trouvai opportune cette occasion de me familiariser avec la langue de Bacon et de Sterne, et je fus attiré aussi dans l'île anglo-normande par la curiosité de voir de près Victor Hugo.

*
* *

C'est un bien agréable lieu d'habitation que Guernesey. Je ne veux plus savoir si j'y ai eu des heures d'ennui ou de mélancolie, et je ne garde du séjour de trois années que j'y fis, des derniers mois de 1866 aux

1·

premiers de 1869, qu'un souvenir purement délicieux.

Quels sites tour à tour charmants et grandioses ! Les fameuses baies sont un enchantement. La température, tiède autant qu'à Jersey, a une douceur que le continent ne connaît pas. La campagne est riante et variée, ou du moins elle l'était, avant qu'on y eût multiplié ces grandes serres qui, ayant fini par couvrir l'île sur presque toute sa surface, lui donnent aujourd'hui un aspect monotone. Le port et la ville de Saint-Pierre sont très amusants à parcourir. A la campagne, on parlait, on parle encore français, comme peut en faire foi cet écriteau généralement placé à l'entrée des terrains vagues : « Défense de trépasser sur ce champ. » Dans la ville, les commerçants, les petits bourgeois parlaient français de naissance, et anglais pour répondre à la colonie aristocratique. La langue officielle de l'île, celle des tribunaux, des « États » et du pouvoir exécutif était le français. La *Gazette officielle* était écrite en français. On n'en pourra plus douter quand on aura lu ces quatre annonces que j'ai conservées :

Toutes les personnes qui n'aiment pas à se vêtir d'un vieux chapeau ou 'd'un habit fané, feront bien de les porter à T. Gibson, 34, Haut-Pavé, où ils peuvent être confectionnés pour paraître égaux à des neufs, dans le plus bref délai et au plus bas prix, et où des échantillons de son savoir-faire sont toujours exposés.

Gardez-vous des chevaux ? Gardez-vous des vaches ? Engraissez-vous des cochons ? S'il en est ainsi, achetez une livre de *Simpson's rich aromatic spice*. Vos chevaux deviendront lisses. Vos vaches donneront un cinquième plus de lait. Vos génisses âgées de six mois seront aussi belles que celles de vos voisins qu'en ont neuf. Ces épices empêchent le dégraissage du bétail.

A vendre une usine en très bon état, située dans une position avantageuse pour la mouture du public.

Maison à louer sur le derrière du boulanger qu'on peut couper en deux.

On le voit, c'est uniquement aux enfants

de l'aristocratie anglaise que j'avais à enseigner le français.

Le régime qui florissait en ce temps-là au collège Elizabeth était l'anarchie, mais une anarchie aimable, celle de l'âge d'or. Un simple rideau séparant les salles, au bruit intérieur de chaque classe s'ajoutait celui de la classe voisine : c'était un beau désordre et une confusion pleine de vie. Le *sport* favori des élèves était d'introduire, cachés dans leurs serviettes, des crabes vivants, dont la chasse animée faisait une diversion heureuse aux études. L'unique instrument de la discipline était la *cane*, baguette flexible dont on se sert en France plutôt pour battre les habits. Ce moyen expéditif de régler les comptes, non seulement les enfants l'acceptaient sans horreur, mais les parents le préféraient à toute autre punition. Des mères m'écrivirent pour me prier d'en user, de préférence aux « retenues », particulièrement odieuses à ce peuple épris de grand air et de liberté. J'essayai

« … vaillants dans tous les jeux
de la force. »

consciencieusement ; mais, étant sans conviction aussi bien que sans passion, ma maladresse comme exécuteur des basses œuvres
faisait éclater de rire la galerie et les patients
eux-mêmes. Il est certain que l'épiderme
des Anglais, au sens moral comme au sens
physique, est moins chatouilleux que le
nôtre ; les châtiments corporels ne sont pas
pour leur honneur une humiliation, et ils les
endurent avec la même fermeté qui les rend
si vaillants dans tous les jeux de la force.

Par une autre différence avantageuse avec
les Français, les *boys* du collège Elizabeth,
au lieu d'empirer avec les années, devenaient
meilleurs en grandissant ; « l'âge de raison »,
loin d'être une antiphrase, était une vérité
chez eux, et leurs progrès en sagesse corres-
pondaient avec l'émancipation même qui
changeait ces enfants en jeunes hommes res-
ponsables. Tous les grands élèves devinrent
bientôt mes amis. Pour leur service et pour
leur plaisir, j'avais tâché de rendre amusant

et vraiment littéraire l'enseignement de la langue française ; nous lisions ensemble le théâtre de Victor Hugo, particulièrement *Hernani*. Chacun d'eux avait son rôle, gardait son personnage dont le nom continua de les désigner dans tout le cours de leurs études, si bien que ces noms de comédie finirent par remplacer les vrais noms : tel d'entre eux devint et resta le héros du drame ; tel autre, don Carlos ; tel autre, ayant barbe au menton, Ruy Gomez ; tel autre, à figure féminine, doña Sol.

Malgré cela, mon métier de *french master* m'ennuyait un peu. Afin de compenser l'ingrate aridité des leçons de grammaire, je finis par organiser en ville des causeries de littérature pour les dames, que je publiai à Guernesey, en 1869, sous le titre de *Causeries guernesiaises*.

J'eus pour collègue, au collège Elizabeth, George Saintsbury, qui occupe aujourd'hui dans la littérature anglaise, comme critique et comme historien littéraire, une place de premier rang. Je vis le vieux poète guernesiais Métivier, auteur de curieuses *Rimes* en patois du pays, et d'autres ouvrages de grand intérêt pour les géographes et les philologues. Je connus la colonie française des proscrits de l'Empire : Kesler d'abord, le petit bossu, bon et très dévoué, mais susceptible et rageur, le commensal, le voisin, l'ami et le factotum de Victor Hugo. Ce digne homme, qui portait un nom aristocratique, — Hennet de Kesler, — vivotait à Guernesey du maigre produit de ses leçons de français. Je fréquentai surtout le photographe normand Arsène Garnier, habile artiste, joyeux compagnon, dont l'atelier retentissant de rires bien français devint pour moi un refuge où je me délivrais de la roideur anglaise et de l'austérité protestante, et qui, fort indiscrètement, l'aimable homme ! me donna le portrait de toutes les jolies personnes de ma connaissance qui avaient posé chez lui, avec *seize* photographies différentes de Victor Hugo, ajoutées aux deux ou trois que je tiens du grand homme lui-même.

Je me mêlai aux diverses classes de la société de Saint-Pierre. Pensionnaire dans une famille bourgeoise, je goûtai le spectacle édifiant et le commerce intime d'une exquise simplicité de mœurs, de l'existence la plus tranquille et la plus monotone, d'une activité sagement réglée, des esprits et des horizons médiocres, de la bonté, de la piété, du culte domestique, et je vis de près les dimanches anglais dans l'horreur sacrée de leur ennui. Invité à quelques soirées du grand monde, j'appris à sentir vivement cet honneur et à connaître la différence que la nature a établie entre les hommes et que la vie sociale maintient partout, malgré nos beaux discours sur l'égalité des mortels. La société de Guernesey se divisait, il y a trente-huit ans, en quatre castes (je ne sais si ces distinctions et ces dénominations existent encore) : les *sixty*, les *forty*, les *twenty*, et les... rien du tout. La première se composait de la *nobility and gentry*, des hauts fonctionnaires, des professeurs sortis de l'université d'Oxford ou de celle de Cambridge, des recteurs de paroisse et des étrangers de distinction. Elle méprisait la seconde, qui comprenait les négociants, les marchands de vin, les épiciers en gros, les autres commerçants en général, les vicaires et les maîtres de musique. Jamais l'aristocratie n'aurait ouvert ses salons à un simple *french master* ; mais j'avais des lettres de recommandation et je faisais sonner bien haut mon grade de licencié de la Faculté des lettres de Paris. Non seulement les *sixty* n'invitaient pas les *forty* à leurs soirées ; mais, faisant semblant de ne pas les connaître, ils ne leur rendaient même pas leur salut dans la rue. Les *forty*, de leur côté, s'étonnaient qu'il pût y avoir au monde des insectes aussi dégoûtants que les *twenty* : à savoir, les marchands de bas, les commis de magasins, les

raccommodeurs de lunettes, les vitriers, les
ébénistes et les scieurs de long. Mais ceux-ci
se consolaient de leur abjection relative par
la pensée du néant effroyable de la dernière
caste : celle des va-nu-pieds.

J'ai fréquenté, à Guernesey, quelques personnes, plusieurs femmes surtout, extraordinairement distinguées par leur esprit et par
leurs connaissances ; mais il n'y avait aucune
circulation générale d'idées. Le commerce
du monde n'existait que sous la forme d'in-
vitations spéciales à des fêtes qui, naturellement, étaient assez rares. Les dames n'avaient
point de « jour » : ce qui réduisait les visites
de l'après-midi à la remise d'une carte aux
mains d'un domestique. Le soir, personne
n'avait chez soi de ces réceptions intimes
et sans cérémonie, où l'on offre à des amis
invités une fois pour toutes une causerie
d'une heure et une tasse de thé.

Bien que Victor Hugo se souciât mé-

diocrement des insulaires au milieu des-
quels il vivait, et que la nature et sa propre pensée lui fussent une compagnie suffisante, il n'a pas été inutile à l'agrément de
sa vie, pour lui concilier cette estime du
monde dont on aime toujours à jouir, même
quand on est un très grand homme, qu'au
temps de mon séjour à Guernesey le premier
magistrat de l'île, le bailli ou « baillif », sir
Stafford Carey, fût un lettré et un homme
d'esprit et qu'il eût une fille qui unissait à
une rare beauté une culture intellectuelle
supérieure. Miss Carey admirait passionnément Victor Hugo. Même, je puis presque
dire qu'elle l'admirait plus que moi : car
son enthousiasme ne faisait aucune réserve.

Il ne faudrait pas s'imaginer qu'un goût vif
pour l'auteur de *Napoléon le Petit* fût la règle
dans l'île anglo-normande. L'indifférence
et la froideur à l'égard du grand exilé étaient,
au contraire, générales, plus encore dans la
petite bourgeoisie, extrêmement ignorante,

que dans la première caste, souvent très cul-
tivée. Un de mes premiers étonnements fut
de constater combien peu on faisait attention
à lui. Le *cant* piétiste et puritain lui était
même très décidément hostile, et s'indignait
tout bas — ou tout haut — de sa vieille
liaison avec « madame Drouet », malgré l'âge
respectable de Juliette et l'extrême réserve de son existence toute retirée. Elle sortait peu de chez elle, et je l'ai rarement rencontrée avec Victor Hugo, chez qui elle
n'allait guère, mais qui, très méthodiquement,
tous les jours, lui faisait visite aux mêmes
heures. On reprochait à Hugo son républi-
canisme, l'excessive liberté de ses paroles et
de ses actes à l'égard de toutes les têtes
couronnées et, particulièrement, de la reine
d'Angleterre.

La fille du bailli était fort au-dessus de
ces petitesses. Elle personnifiait l'esprit de
liberté, de révolution, de progrès, contre la
vieille société conservatrice, routinière et

bornée. Elle comprenait que la vraie gloire de Guernesey, dans l'avenir, serait d'avoir possédé Victor Hugo ; et comme le public des aristocraties, aussi bien que des démocraties, suit toujours certaines autorités directrices, c'est grâce à l'initiative de cette personne d'élite que la meilleure société de l'île assista quelquefois, à Hauteville House, aux petites fêtes des enfants pauvres ; c'est le bon exemple donné par cette jeune fille qui épargna au grand poète le chagrin, quand des acteurs en voyage vinrent lui offrir une représentation d'*Hernani*, de voir sa pièce jouée devant des loges vides.

*
* *

Victor Hugo n'était pas à Guernesey quand j'arrivai dans l'île. C'était au mois d'août : à cette époque, il voyageait habituellement en Belgique. Je me présentai néanmoins à Hauteville House, où je laissai, avec ma carte, un exemplaire de mon pauvre et unique ouvrage, ma *Petite Comédie de la Critique littéraire*; je fis, sous la conduite de Marie, vieille cuisinière bretonne, la visite classique de la célèbre maison, et j'eus l'honneur d'entretenir madame Chenay, belle-sœur du poëte, simple et bonne petite femme, modeste, serviable et pieuse, qui administrait son ménage.

Personne ne m'instruisit du retour de Victor Hugo, en octobre. Ni le *Star*, journal anglais, ni la *Gazette officielle* de Saint-Pierre-Port n'avaient coutume de mentionner un « fait divers » aussi négligeable que la présence ou l'absence du premier personnage littéraire du siècle. Mais, un jour, je vis l'homme passer, allant à la promenade; je le revis; trente-huit ans après, je le vois encore *in the mind's eye*, et c'est une inoubliable vision.

La maison où je logeais était, comme la sienne, dans Hauteville Street, mais plus

« Ce vieillard de soixante-cinq ans
s'avançait, ferme et droit... »

haut, à l'extrémité de la ville, en sorte qu'il ne pouvait aller dans la campagne sans gravir le chemin un peu roide qui montait devant ma fenêtre.

Ce vieillard de soixante-cinq ans s'avançait, ferme et droit, coiffé d'un grand chapeau mou à larges bords, toujours sans canne comme sans parapluie, un manteau jeté sur l'épaule gauche si le ciel était menaçant, les mains dans ses poches, les épaules effacées, les coudes bien rentrés, et posant légèrement à terre la pointe de ses bottines qui dessinaient l'admirable cambrure du pied. Je compris par le contraste, en le voyant marcher, la physique exactitude du nom de « pied plat », métaphoriquement appliqué aux hommes bas et rampants (1). Il était presque toujours en veston

---

(1) Ce nom fut donné aussi aux gens du peuple, simplement parce qu'ils ne portaient pas les hauts talons rouges des gentilshommes; mais nus ou chaussés, les *pieds plats* sont toujours des pieds sans cambrure.

et on ne saurait dire que sa tenue fût soignée ; mais il pouvait s'habiller comme il voulait, il aurait donné grand air aux haillons d'un gueux. Si élégante et noble était sa démarche que, pour en rendre l'impression, j'imaginai instantanément cette périphrase homérique par laquelle je me suis souvent diverti à le désigner dans mes lettres familières : « l'homme à la jambe de prince ».

Le 28 octobre 1866, je fus reçu par Victor Hugo pour la première fois. Il était rentré depuis une semaine. Afin d'être sûr de ne pas le manquer (car il faisait généralement sa promenade tout de suite après son déjeuner), je sonnai à sa porte avant que le déjeuner fût fini, et je l'attendis dans le petit salon du rez-de-chaussée, dont un divan oriental très bas faisait le tour. Sur la table du milieu il y avait des albums et des livres, *Picciola*, les *Petites Récréations instructives, Old England, les Misérables,* des illustrations des *Misérables,* des dessins du maître, un ouvrage d'histoire naturelle, etc., et, sur la cheminée, des statuettes en bronze de bossus et de magots tirant la langue ou faisant quelque autre grimace.

Le poète entra bientôt, en négligé... du matin, dois-je dire, ou de toute la journée ? La première impression que son abord me fit et ne cessa jamais de me faire, durant trois années et un peu plus que je le fréquentai, est celle d'une extrême civilité de langage et de manières. Volontiers on se représente Victor Hugo comme une espèce de demi-dieu difficilement accessible, abrupt, concentré en lui-même, parlant peu, rendant des oracles, attendant de tous ceux qui l'approchaient cette attitude de vénération prosternée qu'exigeait Alexandre et qui révoltait la fierté de Callisthène. C'est le portrait conventionnel, vrai peut-être, mais d'une vérité de légende ; si quelque visiteur l'a vu sous ce

jour, je ne contesterai point le témoignage
de ses yeux ; je ne parle que de ce qu'ont vu
les miens. Or, il est vrai que je l'ai trouvé
parfois un peu absorbé. Quoi d'étonnant ? La
chose étrange serait qu'un travailleur d'une
si haute et si incessante activité eût toujours
appartenu sans réserve à la compagnie ; mais
jamais je ne l'ai vu distrait et absent au point
d'oublier ce qu'il devait à ses hôtes selon le
code de l'honnêteté mondaine. Il était céré-
monieux, « vieille France », poli excessivement : car n'était-ce pas un excès, et même
un peu agaçant, qu'il me parlât toujours, par
exemple, de « l'honneur de me voir » et de
celui de me « revoir » ? Jamais il n'a man-
qué à ce compliment banal.

Sa première parole fut pour me dire qu'il
avait lu mon livre. Je me permis assez imper-
tinemment de paraître en douter, ou du
moins de déclarer invraisemblable qu'un
homme occupé à des œuvres aussi glorieuses
que les siennes eût pu distraire de ses grands

travaux le temps de parcourir un essai infime comme le mien. Il insista :

— Je ne l'ai pas parcouru seulement, je l'ai lu. Si je n'en faisais point de cas, je m'acquitterais envers vous avec une hyperbole flatteuse ; mais, comme j'y ai découvert ce que j'appelle *quelque chose*, je veux vous en parler utilement, sérieusement. J'ai vu que nous ne sommes pas d'accord. Je suis un vieux révolutionnaire ; vous êtes soumis à l'autorité, *vous êtes du parti conservateur.*

Oh ! la belle puissance constructive que l'imagination des poètes ! Comment s'était formé ce jugement en l'air et sans ombre de fondement, dont l'absolue fantaisie ne peut être plaisante que pour moi, qui seul ai jadis lu mon livre ? Victor Hugo savait que j'étais un enfant de l'Université ; il savait aussi quelles influences philosophiques la jeunesse française subissait alors, et il avait décidé d'avance, — sans le moindre examen des pièces, bien entendu, —

d'une part, que je devais être imbu de
préjugés classiques ; d'autre part, que je devais appartenir, en critique littéraire, à la
nouvelle école matérialiste qui tend à supprimer l'éloge comme le blâme, qui remplace
les anciens jugements critiques par l'explication historique et naturelle des œuvres et des
faits, et qui prend pour devise : *Nil admirari,
omnia intelligere.* De là le tour que prirent
et que gardèrent ses entretiens avec moi, où
il travailla « sérieusement », sinon « utilement », à ma conversion, en démolissant
avec un soin particulier deux idoles, Racine
et Taine, au pied desquelles son imagination
me voyait agenouillé dans la ferveur d'un
double culte peut-être un peu contradictoire. J'adore Racine, c'est vrai, mais non
pas « comme une brute », et de Taine j'étais
beaucoup moins un disciple qu'un lecteur avidement curieux, mais indépendant et averti.
Le souvenir de la paternelle bonté d'un si
grand homme s'appliquant à guérir ma jeu-

nesse des deux folles passions qu'il me prêtait, ne m'en laisse pas moins pénétré d'une bien vive reconnaissance.

C'est la statue de Taine qui reçut les premiers coups de pioche. Victor Hugo me cita avec indignation la fameuse phrase : « Le vice et la vertu sont des produits comme le vitriol et le sucre (1) ». On aurait

---

(1) Quelques lecteurs de ce volume reconnaîtront peut-être certains passages des conversations qu'eut avec moi Victor Hugo, pour les avoir rencontrés dans d'autres de mes livres. Ce n'est pas la première fois, en effet, que j'entr'ouvre en public mon précieux portefeuille. Mais, à l'exception des jugements de mon grand interlocuteur sur Racine, qui seuls ont obtenu un peu de notoriété, et que je n'ai pas encore fait connaître tous, ces *Souvenirs*, vieux de plus de trente-cinq ans, sont vraiment une publication nouvelle. La partie de beaucoup la plus considérable en est inédite, et ce qui ne l'est point, au sens littéral du mot, se cachait dans une ombre qui équivaut à l'absence de toute publicité. Mes *Causeries* de Guernesey (1869) sont introuvables ; celles de Paris (1872) sont devenues rares, et ni les unes ni les autres n'ont jamais été réimprimées. Si, dans des ouvrages plus récents, *Racine et Victor Hugo*, *Victor Hugo et la grande poésie satirique en France*, etc., je mentionne çà et là quelques paroles du poète, c'est toujours d'une façon sommaire, incidente, accessoire, à propos d'autre chose, quelquefois même en note. Ici donc, avec une proportion incomparablement supérieure de choses tout à fait neuves, on trouvera rassemblé pour la première fois, daté et situé, mis en ordre et en relief, ce qui est disséminé ailleurs, incomplet, fragmentaire, effacé, ignoré.

passé un mauvais quart d'heure à en tenter l'apologie ou seulement l'excuse et l'explication, car le poète était réellement ému de la même colère qui a inspiré les *Châtiments.*

— C'est la négation de la différence entre le bien et le mal. Certes, Dupanloup n'est pas mon homme; mais je l'approuve quand il fait campagne contre de si infâmes doctrines. Je voudrais être à Paris, oui, je voudrais être à l'Académie, pour voter avec l'évêque d'Orléans contre ce cuistre-là !

Avec une vraie éloquence, Victor Hugo me dit ensuite que nous, les jeunes gens de ma génération, nous étions les vieillards du siècle, et que c'était lui, malgré sa barbe blanche, lui et les hommes de son âge qui étaient la véritable jeunesse, parce qu'ils avaient la foi. Il s'éleva contre l'impuissance et la stérilité du scepticisme, soutenant qu'il valait mieux affirmer l'erreur que ne rien affirmer du tout, de même que le pilote qui, dans la

tempête, imprime vigoureusement au vais-
seau une direction quelconque, fait plus pour
le salut de l'équipage que le douteur irrésolu
et inactif.

Puis, la conversation passa à d'autres sujets :
Homère, Lucrèce, Dante, Shakspeare, Spi-
noza. De ce dernier, sur lequel l'opinion d'un
adversaire de Taine pourrait être tenue d'a-
vance pour hostile, Victor Hugo me dit, au
contraire, qu'il l'aimait beaucoup. Il exprima
une admiration sans bornes pour le *Purga-
toire* et pour le *Paradis* de Dante, « deux
poèmes mal compris qui sont au moins égaux
à l'*Enfer* ». Il n'avait jamais pu digérer les
deux derniers actes d'*Hamlet* : aveu assez intéressant, parce qu'il n'est pas dans ses écrits
et qu'il contredit même sa retentissante profession de ne point concéder de droit à la
critique négative sur les œuvres des génies
souverains. Dans les odes d'Horace, qui le
ravissaient et qu'il disait savoir toutes par
cœur, il trouvait « quelque chose d'épique ».

Ne comprenant pas bien ce jugement singulier, je portai aux nues *la Légende des
Siècles*, disant qu'elle était, à mes yeux, le
sommet non seulement de la poésie de **Hugo**,
mais de toute la poésie française moderne, et
qu'elle devait ce caractère éminent à la **haute
généralité** d'une inspiration moins lyrique
qu'impersonnelle, « ainsi — ajoutai-je avec
intention — ainsi que le veut l'épopée. » **Le**
poète me répondit que j'avais raison de regarder *la Légende des Siècles* comme son chef-
d'œuvre; il protesta pour la forme contre le
rang suprême que je lui assignais dans la
littérature; mais il maintint que je me trompais en ayant l'air de croire que le Moi ne
peut pas être épique :

— Voyez Dante, il parle constamment de
lui ! Et Horace, non plus, ne s'oublie pas.

Décidément, il tenait à la qualité *épique*
des odes d'Horace. Si le bon Horace est épique (ce qui peut très bien se soutenir, après
boire, comme tout paradoxe littéraire), il est

probable que c'est plutôt quand il est le moins personnel.

Dans ce premier entretien, Victor Hugo me parla aussi de l'étude profonde qu'il avait faite des mathématiques, étant jeune homme. Il était arrivé plus tard à la conviction réfléchie qu'il fallait commencer l'enseignement de cette science par les sections coniques, au lieu de démontrer d'abord les propositions d'Euclide. Je demeurai stupide, non d'étonnement, encore moins d'approbation respectueuse et muette, mais simplement parce que je n'entends rien aux sections coniques, ni aux propositions d'Euclide, ni aux éléments mêmes des mathématiques, qui sont restées pour moi le souvenir le plus désagréable du baccalauréat ; et, changeant brusquement de propos, je demandai au maître s'il était exact qu'il fût actuellement occupé à écrire une histoire de l'Angleterre pendant la seconde moitié du XVIIIe siècle.

— Non. C'est une pure invention de la

presse, *un bruit sans fondement*, comme on dit élégamment aujourd'hui... à moins que ce roman n'ait son origine dans cette circonstance vraie, qu'à Bruxelles j'ai fait quelques recherches sur l'aristocratie anglaise et que j'ai demandé au bibliothécaire de me prêter des livres d'histoire.

En me donnant congé, Victor Hugo invita très hospitalièrement le jeune Français qui s'établissait dans son ile à déjeuner chez lui, non pas un certain jour, mais toutes les fois que cela me ferait plaisir. Je n'aurais, en me présentant à midi moins cinq, qu'à dire à Marie de mettre mon couvert. — J'eusse été bien sot de ne pas profiter d'une telle aubaine, mais un peu indiscret d'en jouir trop souvent : il fallait garder la mesure ; affaire de tact et d'expérience. Je dois rendre à mon amphitryon ce témoignage qu'il a toujours paru content de me voir, et, certes, ce n'était pas pour l'agrément ni pour le profit qu'il pouvait retirer de ma conversation : qu'avait-il à faire de moi ? C'est, encore une fois, qu'il était un gentilhomme parfaitement poli.

Tantôt j'arrivais seul, tantôt je trouvais compagnie : même accueil affable dans les deux cas. Mais plus l'entretien de Victor Hugo devenait un simple tête-à-tête, plus il était intéressant. C'est alors que le grand homme se montrait vraiment bonhomme, simple et naturel, amusant, malicieux, spirituel à la française. Dès qu'il y avait à l'écouter assez de monde pour faire un petit auditoire, il risquait de se laisser tenter plus ou moins par son mauvais génie, le démon de la *représentation*.

Le plus souvent, il n'y avait aux déjeuners de Hauteville House, en fait de gens et de bêtes, que madame Chenay, Kesler et « Sénat », gros lévrier bâtard, assez laid, gâté par son maître, qui lui souffrait tout. J'y ai quelquefois vu aussi M. Marquand, Français réfugié,

qui, comme Kesler, donnait des leçons pour
vivre ; mais alors Kesler restait ou rentrait
chez lui : ces deux messieurs, ayant l'un
pour l'autre l'antipathie qu'ont facilement
deux courtisans du même maître, évitaient
de se trouver ensemble à la table de Victor
Hugo. Madame Victor Hugo, que je vis peu
longtemps, en 1867, dix-huit mois avant sa
mort, suivait en France un traitement pour
ses yeux. Je n'ai eu l'honneur de rencontrer
ni M. Paul Meurice ni M. Auguste Vacquerie.
Quant aux fils, François et Charles, il faut
croire que la maison paternelle ne les attirait
guère, car je ne les vis jamais à Guernesey,
et j'y vécus trois ans.

*
* *

Je ne referai pas la description bien connue
de la salle à manger. J'avertis seulement les
personnes d'une vive imagination, au sujet du

Salle à manger de Hauteville House.

fameux *fauteuil des ancêtres*, siège monumental et semblable à un trône, où nul vivant ne pouvait s'asseoir, ses bras étant fermés par une chaîne de fer, qu'on ne doit pas se figurer ce fauteuil comme ayant réellement occupé une place à table. Un meuble pareil aurait été fort encombrant et un peu ridicule. Il était simplement adossé au mur, entre les deux fenêtres, ne gênant ni la circulation, ni le service, et je soupçonne certaines légendes sur la terreur qu'il inspirait d'avoir été inventées par des amateurs de contes fantastiques qui n'ont vu l'objet que dans leurs rêves.

L'ordinaire était celui de tous les déjeuners de famille. La seule habitude particulière que j'aie notée, c'est que les côtelettes de mouton s'offraient toujours aux fortes molaires du poète fauve, je ne dis pas saignantes, mais violettes, comme si elles sortaient de la boucherie. Je vois encore Marquand furieux qu'on le forçât à manger de la viande crue et m'exprimant à voix basse son indignation et son horreur.

Le 8 ou le 9 décembre, et, de nouveau, le 3 janvier, la presse guernesiaise déjeuna à Hauteville House. Je fus des convives, mais sur invitation. Dans ces deux circonstances, rien de très mémorable ne fut dit, même par le maître. Le directeur de la *Gazette officielle* ramassa par terre un vieux gant et demanda à Victor Hugo si c'était lui qui l'avait perdu. Le poète prit cette loque et l'examina.

— Ce gant est sauvage, — dit-il en le flairant de près, — mais c'est la sauvagerie d'un élégant ; moi, quand par une exception bien rare je mets des gants, ce ne sont jamais que les gants sauvages d'un sauvage.

Le gant appartenait au commandant Butler. Victor Hugo tendant par un beau geste le bras pour le lui rendre, on put voir que cet homme immortel n'avait point de gilet sous son veston mal boutonné : j'en fus un peu

surpris, non à cause d'un vain décorum dont
je savais l'estime que l'on faisait céans, mais
en pensant à l'utilité hygiénique d'un bon
justaucorps, dans la saison où nous étions,
par le froid relatif qui régnait ce jour-là.

On questionna le grand travailleur sur ce
qu'il écrivait actuellement : il répondit que
sa principale entreprise était son roman de
Quatre-vingt-treize, que du reste il faisait des
vers ou de la prose selon son inspiration du
moment, qu'il avait presque achevé la seconde
partie de *la Légende des Siècles*, que, s'il
avait trente ou quarante ans, l'ouvrage aurait
dix volumes, mais qu'il n'en pourrait avoir
que six.

La santé de l'auteur de *la Légende des
Siècles* fut portée tour à tour par tous les
convives, qui n'étaient pas nombreux; à
chacun, individuellement, Victor Hugo répondit avec esprit.

La cloche du collège m'ayant appelé à
mes fonctions avant qu'on se fût levé de table,

je demandai au maître la permission de me retirer doucement le premier. Il me dit ou plutôt me répéta que je pouvais entrer chez lui quand il me plairait, et en sortir de même :

— Ma maison est celle de la liberté.

Les propos qui suivirent un déjeuner intime où je me rendis sans invitation, peu de jours avant Noël 1866, sont moins insignifiants. Il n'y avait personne à ce déjeuner que madame Chenay et Kesler, qui disparurent après le repas. Victor Hugo, resté seul avec moi, m'entretint jusqu'à trois heures. Il avait beaucoup travaillé toute la matinée ; content de ce qu'il avait fait, il était en train de causer : il me donna d'abondants détails sur ses habitudes de vie.

— Je me lève, — me dit-il, — de bon matin. J'avale deux œufs crus et une tasse de café froid ; puis, jusqu'à onze heures, je travaille dans mon belvédère.

Le belvédère où Victor Hugo travaillait et couchait.

Ce belvédère (en anglais *look-out*), pièce
entièrement vitrée où il composait ses ouvrages, peut être comparé à une serre ou
encore à un atelier de photographe. Je n'ai
jamais vu de cabinet de travail non seulement plus digne d'un poète par son ouverture
sur le ciel et sur l'immensité, mais plus intel-
ligemment compris au point de vue prati-
que. L'art et le luxe sont beaux et bons; mais
ce sont les pires ennemis des commodités de
la vie. Comment avoir ses coudées franches
au milieu d'objets qui sont des merveilles ou
des bijoux, et de meubles sculptés délica-
tement ? Victor Hugo, qui aimait la somp-
tuosité, mais qui aimait aussi ses aises, séparait judicieusement ces deux choses : le
magnifique et le confortable. Il y avait, au
deuxième étage de sa maison, une chambre
à coucher splendide, mais sans usage et de
pur apparat, destinée à Garibaldi, dont elle
attendit toujours la visite. Le poète couchait
dans son atelier même et dans un petit

lit très bas, autour duquel se trouvaient, à portée de sa main, crayons, papier, tout ce qu'il fallait pour prendre des notes, si une inspiration lui venait la nuit. Ce lit, recouvert le jour d'un simple tapis d'Orient, s'offrait à lui à toute heure derrière le pupitre où il écrivait debout. On accédait au belvédère par un escalier étroit en colimaçon. La forge où le géant créait ses chefs-d'œuvre n'ayant ni meubles, ni tentures, ni décors, ni luxe, ni objets d'art, ni aucune autre beauté que la vue du ciel et de la mer, rien n'était à y ménager; le désordre, le chaos avaient leur empire en cette chambre haute, et Vulcain pouvait faire jaillir de son marteau les étincelles, je veux dire tout éclabousser avec sa plume, sans crainte d'aucun dégât.

Travailler debout était un des principes de son excellente hygiène.

— Puisqu'il faut — me disait-il — mourir de quelque manière, j'aime mieux que ce soit par les jambes que par la tête, et j'use mes jambes en marchant beaucoup et en évitant de trop m'asseoir.

Post cœnam stabis, seu passus mille meabis: cette devise était inscrite dans sa salle à manger, comme la maxime d'un autre « ancien » dans celle d'Harpagon. La mort dont il se croyait le plus menacé et contre laquelle il se mettait en défense par ces règles de vie, c'est un subit arrêt des mouvements respiratoires qui l'aurait étouffé la nuit.

A onze heures, étant couvert de transpiration, tant par le feu du travail que par celui d'un poêle qui chauffait sa serre en hiver, il se mettait tout nu et s'épongeait le corps, à l'anglaise, d'une eau très froide qui était restée toute la nuit à l'air. Les personnes qui passaient dans Hauteville Street, à ce moment-là, et qui levaient leurs yeux vers la cage de verre, pouvaient voir la blanche apparition. Une friction énergique avec des gants de crin était le second et indispensable article de ce programme savamment réglé.

Malgré ces précautions, le poète se disait sujet aux rhumes et aux crampes, mais, en somme, bien portant. J'écrivais dans une lettre datée de 1867 : « Le père Hugo a une jeunesse étonnante de corps et d'esprit. Impossible de voir un homme qui se porte mieux. Il est frais, il est rose, il faudra l'assommer. »

Après le déjeuner, promenade de deux heures environ. Reprise du travail jusqu'à six heures et demie. Diner chez Mme Drouet, excepté quand Mme Victor Hugo venait voir son mari à Guernesey. Partie de cartes jusqu'à dix heures.

— Il m'est arrivé quelquefois — m'a dit ce joueur téméraire — de perdre quinze sous.

Je mis Victor Hugo sur le sujet des pieuvres, en lui racontant que j'avais vu à Paris, dans un musée, une représentation en cire du combat de Gilliatt avec la pieuvre. Le monstre m'ayant paru d'une invraisemblable

énormité, j'avais manifesté mon étonnement à l'artiste lui-même, qui, naïvement,
m'avait répondu :

— Pour sûr que je n'en ai jamais vu de ce
calibre-là !...

Amusé de cette réponse, l'auteur des *Travailleurs de la Mer* m'affirma que, quant à lui,
plus exact et plus scrupuleux, il n'avait peint
que ce qu'il avait vu : son fils Charles, se bai-
gnant un jour près de l'île de Sercq, fut pour-
suivi sous ses yeux par une pieuvre de la
même dimension que celle qu'il a décrite.

Des pieuvres, par une transition naturelle,
nous passâmes à Louis Veuillot. Victor Hugo
lui refusait net tout talent d'écrivain, préten-
dant que l'apparente originalité de son style
consistait uniquement dans l'emploi d'un vocabulaire brutal. Je l'ai plus d'une fois cons-
taté, l'incapacité radicale où ce grand homme
était de reconnaître le moindre talent chez
ses ennemis dépassait vraiment la mesure de
ce qui est permis à un poète, c'est-à-dire à

un demi-dieu qui, possédant le don divin de créateur, a le droit de trouver sa part assez belle et fièrement peut se passer d'une souple et large intelligence critique. N'a-t-il pas suffi à Hugo qu'Armand Carrel fût un des chefs de la campagne contre *Hernani* pour qu'il le déclarât sans style, sans esprit, sans talent, sans aucune qualité littéraire quelconque... ? O pauvre cœur humain !

Volontiers j'aurais défendu comme écrivain le pamphlétaire admirable auquel la prose française doit peut-être les plus ingénieuses trouvailles de style qui aient enrichi son trésor depuis l'époque de La Bruyère ; mais je compris à temps la parfaite inutilité de tout ce que je pourrais dire, et j'évitai heureusement la maladresse d'offenser par une vaine contradiction le rare génie qui me faisait l'extrême honneur de m'entretenir. Ma tactique avec Victor Hugo fut toujours, tout simplement, de l'exciter à parler, et non pas (ce qui eût été, si j'ose m'exprimer ainsi, la grande *gaffe*) de chercher la moindre victoire pour mes propres idées. Je ne feignais de le contredire que dans la mesure strictement nécessaire pour qu'il développât son thème avec plus d'abondance. J'en dis cependant assez au sujet de Veuillot pour qu'après avoir vu en moi un classique attardé, un disciple de Taine et un sceptique, il me rangeât dès lors dans la secte des « éclectiques » et des « doctrinaires ». Mais j'eus tout lieu de m'en féliciter, car il partit sur cette fausse piste pour me faire l'histoire de sa vie intérieure et du changement graduel de ses convictions.

— Moi aussi, j'ai été éclectique, puisque j'ai parcouru presque toute la gamme des opinions politiques possibles. [Ce n'est pas précisément ce qu'on entend par *éclectisme*.] Quand j'étais petit, j'étais royaliste. A sept ans, je m'entendais dire : « monsieur le baron », et j'en étais extrêmement fier. De royaliste, je suis devenu doctrinaire. Je prononçai un jour, à la Chambre des pairs, cette phrase, digne de Royer-Collard, qui fut couverte d'applaudissements : « La logique veut la république, mais la raison veut la monarchie. » Je n'ai pas été républicain avant 1849.

Victor Hugo me renvoya à la pièce des *Contemplations* : « Marquis, je m'en souviens... », où il raconte tout le développement de sa pensée. Il me dit aussi que le personnage de Marius, dans *les Misérables*, était fait à sa ressemblance. qu'il avait mis dans ce caractère ses propres traits et dans ses faits et gestes toute l'histoire de sa vie, à tel point qu'on retrouve en cette partie du roman jusqu'à la carte de ses dîners.

J'étais curieux de l'entendre raconter les premières représentations d'*Hernani*, et je le mis sur ce sujet.

— On ne peut se faire aucune idée — me dit le poète — des fureurs et des haines que mon drame a soulevées.

Mais il ne me régala d'aucune anecdote

nouvelle ; nous avons tous lu, dans *Victor Hugo raconté par un témoin de sa vie*, qu'il recevait des lettres conçues en ces termes : « Si tu ne retires pas ta sale pièce dans les vingt-quatre heures, on te fera passer le goût du pain », et que ses amis croyaient devoir l'escorter, à la sortie du Théâtre-Français, jusqu'à la rue Notre-Dame-des-Champs, où il demeurait alors. — « Ils m'auraient trouvé extrêmement téméraire de rentrer seul. »

Par quelle association d'idées en vînmes-nous à parler de Gœthe ? On sait que Victor Hugo ne l'aimait pas. A-t-il aimé d'ailleurs, a-t-il seulement connu la littérature allemande en général ? Il n'y paraît guère, et j'ose mettre en doute qu'il ait beaucoup plus pratiqué la littérature anglaise. Je ne fais point d'exception pour Shakespeare, malgré l'espèce d'*olla podrida* littéraire et métaphysique qu'il a baptisée de ce nom illustre et sonore, choisi à l'aventure, — comme un père parfois, voulant nommer son fils, prend un saint au hasard dans le calendrier. — Non, jamais nous ne dirons assez combien *latine*, presque exclusivement, fut l'éducation littéraire de ce grand classique.

C'est l'esthétique du *William Shakespeare* qu'il m'exposa, sans rien de bien nouveau dans cet ordre d'idées que nous connaissons, presque à satiété, par ses écrits. On remarquera pourtant, dans sa critique familière et orale, un amour de la musique qui parait sincère et qu'on a quelquefois nié, je ne sais pas sur quels indices ; — est-ce simplement à cause de l'extraordinaire intensité de son imagination visuelle, qui semblait devoir être compensée par une pénurie correspondante du sens musical ? (1)... Assurément, je ne

---

(1) Dans son *Essai sur l'imagination créatrice* et dans sa *Logique des Sentiments*, M. Ribot fait une espèce d'enquête sur la question de savoir si une grande imagination pittoresque et une grande imagination musicale peuvent coexister : les réponses des peintres et des musiciens laissent la question assez indécise ;

crois point qu'il fût grand clerc en musique, et ses propos sur la matière ne sont pas pour me faire changer d'opinion. N'ai-je pas lu quelque part qu'on le vit un soir applaudir je ne sais quelle banale mélodie qu'il prenait pour un morceau sublime de Weber ? C'est fort possible ; mais distinguons : on peut n'être pas un bon juge des œuvres, classer mal les auteurs, et sentir vivement la musique. En somme, il ne semble point que Victor Hugo ait eu l'insensibilité musicale de cet autre grand « visuel », Théophile Gautier.

— Ni Gœthe, ni aucun poète allemand — me dit-il — n'a su donner de la réalité aux personnages dramatiques. Chose curieuse ! les musiciens allemands nous offrent des créations plus substantielles que Gœthe et que Schiller. Les cataractes et les forêts de

mais on constate facilement que, dans l'âge de l'éducation, les goûts et les talents des enfants pour le dessin et pour la musique sont rarement égaux, et que, s'ils sont égaux, c'est la marque presque certaine qu'ils sont médiocres.

Beethoven sont bien des forêts et des cataractes. J'ai pour Beethoven une admiration qui n'a d'égale que celle que j'ai pour Gluck. Ce sont deux génies aussi grands à mes yeux qu'Eschyle et que Michel-Ange. Il y a, dans *Alceste* et dans *Armide*, des morceaux d'une profondeur qu'on n'a jamais dépassée ni même atteinte. Mozart est grand, mais il ne vient qu'après Gluck. Il y a un peu trop de Louis XVI dans Mozart. Il est inférieur à Gluck, comme Rubens à Rembrandt, comme Raphaël à Michel-Ange, comme Racine à Corneille et à Molière.

Il me parla dédaigneusement de Rossini, et ce dédain était logique, comme sa froideur relative pour Mozart; mais la dépréciation de Rubens est inattendue. Nous restons tout surpris que l'auteur du *Feu du Ciel* ait été de glace pour ce coloriste éblouissant; cependant la chose est avérée, puisque Mme Sand a reproché à Victor Hugo ses jugements sur Mozart et sur Rubens.

Un échappé de rhétorique comme moi ne pouvait manquer la belle occasion qui s'offrait à lui de discourir un peu en faveur de la perfection soutenue, qui s'élève moins haut, il est vrai, que les sublimes élans des génies abrupts, mais qui, constamment égale à elle-même, ne paie pas non plus par des chutes lamentables l'accident glorieux de ses bonds surhumains. J'avançai donc cette idée, peu originale, que chez Racine, Mozart, Raphaël, on trouve une harmonie qu'on peut appeler divine et qu'il est permis de préférer aux efforts prodigieux mais irréguliers de leurs gigantesques rivaux.

C'est alors que Victor Hugo commença de prendre au collet ce polisson de Racine, qu'il ne lâchera plus. Je ne lui avais point caché que je l'aimais. Peut-être eut-il un peu plus tard un écho des causeries de littérature que j'entrepris à Guernesey, et où je m'exprimais avec une jeune liberté qui m'étonne aujourd'hui, traitant de Huns, de Hurons et de

Hottentots les contempteurs de Racine, osant dire que je n'étais ni un partisan de toutes les idées de Victor Hugo, ni un admirateur absolu de ses ouvrages, et préférant hardiment à tous ses drames ceux de nos grands classiques comme ceux de Shakespeare. Kesler, qui avait contre Racine « une dent de lait », me pardonnait beaucoup moins que le maître mon indépendance et mon hérésie.

Avec une indulgente bonté ce grand homme me dit d'abord et me montra très bien que je me trompais en présentant Racine comme un modèle de perfection égale et soutenue.

— Il n'est pas sûr de son instrument, — me dit-il, — il écrit quelquefois fort mal.

Et, à l'appui de cette critique, il me cita deux vers de *Phèdre* parfaitement choisis, en vérité, car ils sont détestables, il faut le reconnaître :

Epargnez votre sang, *j'ose vous en prier*;
Sauvez-moi de l'horreur de *l'entendre crier*...

Sans insister davantage, ce jour-là, sur les défaillances de Racine, Victor Hugo lui opposa Boileau comme un maître du vers français, me récitant avec la volupté d'un gourmet littéraire ce passage du *Lutrin* :

> A ces mots, il saisit un vieil infortiat
> Grossi des visions d'Accurse et d'Alciat,
> Inutile ramas de gothique écriture
> Dont quatre ais mal unis formaient la couverture,
> Entourés à demi d'un vieux parchemin noir
> Où pendait par trois clous un reste de fermoir.

Je me rappelle combien, en 1866, l'admiration de Victor Hugo pour Boileau me parut piquante et paradoxale. A la surprise amusée que je manifestai, le poète répondit qu'il était un classique méconnu et qu'il tenait Boileau pour un de nos plus grands écrivains.

Aujourd'hui, ce jugement du chef de l'école romantique n'a rien qui nous étonne, parce que, depuis les derniers travaux — ou les derniers jeux — de la critique littéraire, nous

sommes plus frappés des ressemblances que
de la différence entre ces deux grands arran-
geurs de mots, plus riches d'art que de
matière et montrant l'art toujours. C'est au
sujet de Boileau que s'est faite une des plus
curieuses et des plus complètes révolutions
du goût que nous offre l'histoire de la littérature ; de cette révolution il se trouve justement que Victor Hugo fut un précurseur, le
jour où il me vanta l'excellence de six vers
du *Lutrin*. On croyait autrefois que Boileau
avait des idées de grand prix. On admirait
respectueusement ce qu'il y a de plus intellectuel dans son œuvre, les *Épîtres*, l'*Art
poétique*, les satires morales, et l'on avait
presque du dédain pour les parties purement
descriptives de sa poésie. Nous estimons, au
contraire, depuis un quart de siècle, que ce
laborieux forgeron de l'alexandrin est un
moraliste médiocre, un didactique peu
divertissant, mais parfois un assez bon ouvrier du style, surtout dans les ouvrages où

il ne se mêle pas d'édifier ni d'instruire, et ce qui nous charme le plus aujourd'hui, dans son très léger bagage poétique, c'est le réalisme pittoresque qu'on voit briller çà et là dans les petits chefs-d'œuvre dont précisément nos pères faisaient fi : *le Repas ridicule*, *le Lutrin*, la satire des *Femmes*, et autres bagatelles du même ordre.

*
* *

Le 12 décembre, j'étais allé à Hauteville House, non pour y déjeuner moi-même, mais pour me donner le spectacle d'un des déjeuners hebdomadaires que Victor Hugo offrait aux enfants pauvres tous les mercredis. Il y en avait une vingtaine. Tous paraissaient heureux et contents d'une heure de bien-être qui était sans doute pour eux la plus agréable de la semaine. Mais que de misères et souvent quelle dégradation ! Mme Chenay me montra deux malheureuses petites filles dont la mère, me dit-elle, « est toujours dans les vignes du Seigneur. Quand monsieur Victor Hugo leur donne des vêtements ou des joujoux, elle les vend aussitôt pour acheter du *gin* ». Un enfant de trois ans mangeait de bon appétit sur les genoux de sa sœur; il était si petit et si chétif qu'on lui eût donné à peine dix-huit mois. Mme Chenay me dit :

— Il ne marche pas encore.

Le 27 décembre, à midi, eut lieu chez Victor Hugo la fête annuelle et publique de l'arbre de Noël. La veille, il y avait eu chez le principal du collège Elizabeth, M. Corfe, une grande soirée où se rendit la meilleure société de l'île. J'y rencontrai le « baillif », sir Stafford Carey, déjà nommé, lettré d'une remarquable érudition, qui me faisait l'honneur de s'intéresser tout particulièrement à la composition de ma thèse française de doctorat et qui me réservait ce cadeau de grand prix : un fragment inédit de Sterne ! Il accompagnait au « thé » de M. Corfe lady

Carey et sa fille. Je donnai rendez-vous à ces dames pour le lendemain, ainsi qu'à toutes les autres personnes de ma connaissance, autour de l'arbre de Noël de Hauteville House, et j'eus la joie de les y retrouver en assez grand nombre. Je goûtais avec un certain orgueil ma part de succès dans cette victoire du bon esprit public sur de sots préjugés.

Victor Hugo me pria de rédiger pour les journaux le compte rendu de cette petite fête avec celui du discours qu'il prononça. On trouvera mon analyse dans *Actes et Paroles*, *Pendant l'exil*, tome II, page 241. Rien n'a été changé dans la copie que j'avais fournie à la presse. Il n'y aurait à rétablir que cette courte parenthèse, retranchée dans le texte imprimé : « L'empereur des Français (puisque c'est ainsi qu'on l'appelle) m'a fait un peu de loisir... » Victor Hugo aurait voulu que je le fisse parler à la troisième personne. Il y a des orateurs avec lesquels c'est difficile.

Le cachet personnel de sa grandiloquence se
marquait trop fortement dans la péroraison
pour qu'on eût pu sans dommage détruire la
forme directe :

« Je n'ajouterai plus qu'un mot. Il y a deux manières de bâtir des églises. On peut bâtir des églises
en pierre et en marbre, et on peut bâtir aussi des
églises en chair et en os. Un pauvre que vous avez
soulagé, c'est une église que vous avez bâtie et d'où
la prière et la reconnaissance montent vers Dieu ! »

Dans un livre visiblement inspiré par une
jalouse affection de famille pour madame
Victor Hugo, dont cette généreuse épouse eût
elle-même blâmé les excès (1), les déjeuners
des enfants pauvres sont présentés comme
une pure ostentation du poète, auquel ils
n'auraient jamais coûté un sou, et comme
ayant exclusivement leur origine dans la cha-
ritable initiative de sa femme. Je n'entre
point dans ces querelles de ménage. Je ne

____

(1) *Victor Hugo à Guernesey*, par M. Paul Chenay.

raconte que ce que j'ai vu. Mais justement ce que j'ai vu peut servir à rendre quelquefois la légende suspecte, soit qu'elle divinise et encense Victor Hugo, à la façon des thuriféraires, soit, au contraire, qu'elle le vilipende pour le plaisir que le noble cœur humain trouve toujours à rapetisser les grands hommes. Il me semble que si Victor Hugo prêtait en été son jardin, en hiver sa salle à manger à des enfants dont le nombre s'accrut progressivement de huit à quarante, s'il les regardait se nourrir chaque semaine, si Noël ajoutait à la nourriture ordinaire vêtements, joujoux et bonbons, cela n'a pu se faire sans quelque participation de sa volonté et de sa bourse ; et si l'institution — que le premier honneur en revienne à elle ou à lui — s'est régulièrement continuée en l'absence de madame Victor Hugo, il ne me paraît pas très probable qu'elle réglât avec les fournisseurs, de France où elle était, les comptes des factures.

*
* *

Vers le 10 janvier 1867, je me promenais dans une des plus jolies baies de l'île, Firmin-Bay, quand j'aperçus de loin Victor Hugo marchant à ma rencontre dans le sentier que je suivais. Je le saluai à trente pas : si j'avais attendu d'être à vingt-cinq, j'aurais risqué de me voir devancé par son excessive politesse. De gros nuages s'amoncelaient à l'horizon. Il était sans parapluie, comme toujours; mais il avait un manteau qui me parut superbe et qu'il portait avec sa coutumière élégance de manières et de gestes. Cet ample et riche manteau recouvrant la rude simplicité du veston de tous les jours me frappa comme un symbole de ce qu'il y a souvent d'un peu banal, au fond, dans la poésie de Victor Hugo, sous l'opulente splendeur de la forme. Le promeneur s'arrêta et me demanda combien de temps mes vacances devaient durer encore ?

« Je le saluai à trente pas..   »

On trouvera, sur le continent, qu'au collège Elizabeth les vacances de Noël et du jour de l'an étaient généreusement mesurées, car je répondis :

— Jusqu'au 20 janvier.

— Espérons... je veux dire espérez — reprit, en changeant de propos, ce modèle accompli de courtoisie française — que nous ne nous attacherons pas trop à vous : car, si j'ai envie de vous garder ici, il faut que vous sachiez que j'en ai le pouvoir. On ne sort pas de Guernesey comme on veut :

> Cette île est une île escarpée et sans bords ;
> On n'en peut pas sortir quand on est dedans.

» Ça ne rime pas, ça boite, mais c'est l'exacte vérité. La fantaisie me viendrait-elle de vous empêcher de rentrer en France ? je n'aurais qu'à vous dénoncer à la police de l'empereur, comme conspirant contre Sa Majesté. Ah ! ah ! est-ce assez simple ?... Je suis tout-puissant. Je peux vous faire avoir la croix d'honneur, si vous la désirez. Désirez-vous la croix d'honneur ?

— Pas encore ! — répondis-je avec une exquise modestie.

— Eh bien ! ce sera quand vous voudrez. Adressez-vous à moi. Dernièrement, je l'ai fait avoir à Caro. Vous n'avez qu'à publier dans *le Moniteur* deux ou trois articles violents contre moi : vous n'attendrez pas long-temps la récompense.

Là-dessus, l'auteur des *Châtiments* reprit sa promenade, et bientôt je le perdis de vue. Tout à coup, comme si le ciel eût voulu punir son propos téméraire sur l'éloquent professeur de la Sorbonne, les nuages crevèrent et la grêle tomba avec furie. Je songeai que, s'il était en rase campagne et loin de l'abri des rochers, il se trouvait peut-être dans son élé-ment, étant familier avec l'orage et habitué à tutoyer la tempête, mais que le manteau ma-gnifique de « l'homme à la jambe de prince » passait en ce moment par une rude épreuve.

Un soir, à la fin de janvier 1867, comme
je revenais du collège Elizabeth, je rencontrai
Victor Hugo, qui sortait de chez lui.

— Venez — me dit-il — dîner à la maison
samedi prochain, à six heures et demie. Je
vous présenterai à madame Victor Hugo.
Elle arrive de Paris.

En remerciant comme il convenait et en

promettant d'être exact, j'exprimai cependant
la crainte que des maux de tête assez violents dont je souffrais alors me missent ce
jour-là dans l'impossibilité de me rendre à
une invitation qui me comblait d'autant de
plaisir que d'honneur.

— Bah ! d'ici à samedi vous avez le temps
de devenir amoureux. Vous savez que c'est
le remède souverain contre les maux de
tête ?... Mais je ne parle pas de l'amour transi,
bien entendu ! Je parle de l'amour heureux
et récompensé... A samedi.

Fus-je docile au conseil de mon grand docteur ? Le fait est qu'au jour dit j'étais en très
bonne santé et que je me rendis à Hauteville
House, la tête légère et le cœur en joie.

C'était un dîner de famille, puisqu'il n'y
avait pas d'autre invité que moi, sans
compter l'éternel Kesler ; mais, eu égard au
petit nombre des convives, c'était un dîner
de luxe, sardanapalesque, pantagruélique, et
très évidemment destiné à fêter l'arrivée de

madame Victor Hugo. Je fais cette remarque avec grand plaisir, et je suis tout heureux de pouvoir ici donner certains détails de l'authenticité la plus *réelle* et la plus *réaliste*, afin de démentir hautement une légende calomnieuse d'après laquelle le poète n'aurait fait bombance que chez madame Drouet, condamnant ses invités et sa propre famille à une frugalité lacédémonienne.

Après un honnète potage au vermicelle, vint un poisson qui couvrait toute la table.

— Voilà — s'écria Victor Hugo — un monstre digne du récit de Théramène... Ah! ce réjouissant récit de Théramène! Quelle suite de bêtises on a écrites à son sujet!... Quand on pense que notre ami M. Guizot, qui n'est point un sot et qui veut bien convenir que ce long morceau est un hors-d'œuvre, fait une réserve en faveur des vers, qu'il déclare *magnifiques...* Magnifiques! mais, Monsieur, s'il y a jamais eu des vers de mirliton, c'est cette description du monstre :

Son front large est armé de cornes menaçantes,
Tout son corps est couvert d'écailles jaunis-
[santes,
Sa croupe se recourbe en replis *captieux*...

— « Tortueux », — dis-je en reprenant un morceau du monstre.

— « Tortueux », si vous voulez, ça m'est égal... Seulement, permettez-moi de vous donner le conseil de vous réserver pour le foie gras.

Un énorme pâté de foie gras aux truffes de Périgueux fut servi en effet, mais à son tour, après un délicieux gigot de pré salé, qui, à la différence des côtelettes de mouton farouches dont s'indignait Marquand, était tendre, juteux, saignant comme il faut et cuit à point. Le dessert se composait de fruits secs envoyés directement de Grèce, de miel du mont Hymette, d'autres friandises de toute nature et de... petits morceaux de charbon. Quand on me présenta ces charbons, rendu un peu familier et hardi par l'allégresse stomacale d'un excellent dîner, je m'écriai, comme Gavroche :

— Qu'est qu'c'est qu'ça ?

— C'est du charbon, — me répondit Victor Hugo. — Mangez-en de confiance. Il n'y a pas de meilleur digestif après le dîner. Prenez, prenez, pour détruire les vapeurs, corruptions, miasmes et pestilences de votre estomac. Le charbon est sain. C'est un *anti-putride* [tel était, en 1867, le premier nom français de ce qu'aujourd'hui, par amour du grec, nous appelons un *antiseptique*]. Croyez-en le plus grand médecin du xixe siècle, condamné, hélas! à traîner dans l'exil une existence méconnue.

Et, joignant l'exemple au précepte, Victor Hugo prit un de ces vilains charbons et le mangea très bien. Je fis de même. C'est bon, c'est sucré, ça ressemble aux petits « alberts ». Madame Victor Hugo en prit un aussi et l'approcha de sa bouche, mais c'était trop noir ; elle n'eut pas le courage d'y mordre. Et puis, pensent toutes les dames, comment peut-on manger du charbon ?

Madame Victor Hugo, âgée en 1867 d'une soixantaine d'années, était une personne majestueuse et imposante, dont une toilette à grand étalage, couronnée par une ample coiffure en larges tire-bouchons, faisait encore ressortir les formes avantageuses. Esprit juste et sensé, elle énonçait gravement des vérités de cette force :

— Alors, vous êtes de Paris, monsieur ?... Ah ! Paris, c'est une ville unique, c'est la première ville du monde. Il n'y a que Paris. On ne travaille qu'à Paris. On ne s'amuse qu'à Paris. A Guernesey, vous avez de jolies promenades; mais vous n'avez pas les boulevards, les bibliothèques, les musées, les théâtres, et tant d'autres ressources, et tant d'autres distractions ! Comment peut-on vivre ailleurs qu'à Paris... à moins qu'on n'y soit obligé par ses principes politiques ?

Au jugement le plus judicieux, madame

Madame Victor Hugo.

Victor Hugo joignait un goût délicat et pur, une scrupuleuse attention à parler correctement le français et à faire respecter notre belle langue. Sa sœur, madame Chenay, m'ayant obligeamment offert de me verser « du médoc » :

— Ah ! Julie ! — s'écria-t-elle, — comment peux-tu dire : « du médoc » ? On doit dire : « du vin de Médoc », du « vin de Champagne ». C'est ainsi qu'on parle dans la bonne compagnie. L'autre jour, j'étais au Théâtre-Français. Voyant entrer une actrice que je ne connaissais pas, je demandai : « Qui est-ce ? » On me répondit : « C'est Favart. » *C'est Favart !* Quelle vulgarité ! Cela me fit bondir. J'étais tellement choquée que je fus sur le point de quitter la loge.

On passa au salon, sans avoir pris garde à une boîte d'angélique mêlée aux autres bonbons du dessert et dont on ne s'avisa qu'après le café. Hugo, maintenant édifié sur ma gourmandise, la fit serrer dans une armoire,

en déclarant qu'on ne l'ouvrirait que le jour
où je reviendrais dîner. Il fut charmant toute
la soirée, plein d'une bonhomie enjouée et
spirituelle, qui faisait un contraste heureux
avec la solennité un peu roide de la maîtresse de la maison, et passant avec grâce
des sujets les plus familiers aux considé-
rations les plus sérieuses et les plus élevées.
Je remarquai, ce soir-là, dans ses propos
cette qualité assez rare que j'y ai encore notée
quelquefois, par exception, mais qui ne les
caractérisait pas d'habitude : une modération,
une tolérance singulière dans l'affirmation
de ses propres idées.

Il me parla longuement de son éducation.
Il n'était pas du tout fort en grec, ignorant la
langue presque absolument, et je crois même
qu'il m'avoua, avec franchise et simplicité,
ne guère connaître la littérature grecque, sauf
Eschyle et Homère ; mais il possédait à fond
et la langue et la littérature latines. C'est
dans des traductions latines qu'il avait lu

Eschyle et Homère. A l'exemple de Caton l'Ancien, il s'était mis à l'étude du grec dans sa vieillesse ; mais il ne se vantait pas d'y avoir fait beaucoup de progrès. Huit auteurs latins surtout, Horace, Juvénal, Virgile, Lucrèce, Justin, Tacite, Quinte-Curce et Salluste, avaient été lus par lui si souvent et si complètement qu'il pouvait en réciter des pages entières par cœur.

Un jour, il citait à Cousin cette phrase célèbre de Tacite : *Ubi solitudinem faciunt, pacem appellant.*

— Mon pauvre Hugo, — lui dit le professeur en haussant les épaules, — Tacite ne savait pas le latin.

— Vous me consolez — répondit le poète — de ne pas savoir le français.

Qu'on me permette d'ouvrir ici une parenthèse pour coudre à ce passage des conversations de Victor Hugo une anecdote piquante qui se rapporte au même sujet, sans que je puisse distinctement me rappeler aujourd'hui si c'est de lui que je la tiens ou de M. Guizot. Peut-être de tous les deux. Ce qui est sûr, c'est que le grand orateur rendait justice à la merveilleuse science du vocabulaire que le poète possédait ; je me souviens très bien de lui avoir entendu dire que, dans les séances de l'Académie française où l'on travaillait au dictionnaire, rien n'était amusant comme les discussions de l'auteur d'*Hernani* avec le chef de l'école éclectique.

Puriste enragé, M. Cousin soutenait qu'on n'avait parlé français en France qu'au xviie siècle, et encore pendant dix années seulement ; ses autorités littéraires étaient peu nombreuses : c'était d'abord et presque uniquement Racine. Victor Hugo présenta un jour à l'Académie la liste des auteurs considérables que le dictionnaire ne citait jamais ; cette liste ressemblait, par sa longueur, à celle des « mille et trois » victimes de don Juan. Dans

ces batailles académiques, où les haines
nées soit de la politique, soit de la philosophie, aggravaient et envenimaient les querelles littéraires, Victor Hugo avait un auxi-
liaire puissant en la personne de Royer-
Collard. Le vieux doctrinaire assistait le
jeune poëte, non de son éloquence (car il
parlait peu), mais de l'antipathie profonde
qu'il avait vouée à Cousin. Quand le professeur de philosophie était aux prises avec
le chef de l'armée romantique, — Royer-
Collard ressemblait, selon l'image homérique
de Victor Hugo, au maître de l'Olympe re-
gardant par-dessus les nuées et faisant tout
bas des vœux pour la victoire du vaillant
Achille sur le pauvre Hector Cousin.

Un jour, le secrétaire perpétuel, M. Villemain, lisait à l'Académie un des essais
envoyés au concours pour le prix d'éloquence.
Un mot s'y rencontra qui fit bondir M. Cousin sur son fauteuil. Il interrompit brusquement :

— Qu'est-ce que c'est que ce néologisme?...
La voilà bien, l'affreuse langue de notre époque !... Qu'il avait donc raison, Voltaire,
quand il disait que nous dégringolons dans
la barbarie !... Messieurs les romantiques ont
créé un nouvel idiome... Lisez tous les écrivains du xviie siècle, oui, tous, entendez-vous,
messieurs ? Lisez-les d'un bout à l'autre ;
quand vous les aurez lus, relisez-les ; je vous
mets au défi d'y trouver jamais ce mot-là !

Tout le monde s'attendait à voir Victor
Hugo relever vivement l'insulte jetée au parti
romantique. Il ne sourcilla pas. S'adressant
avec le plus grand calme à l'appariteur :

— Mon ami, — lui dit-il, — veuillez aller
chercher dans la bibliothèque le *Voyage en
Laponie* de Regnard, tome III de ses *Œuvres
complètes*.

Dans un profond silence, où l'on entendait
voler les mouches autour des crânes académiques, l'appariteur sortit, et revint, après
quelques minutes, avec le volume demandé.

Il le remit à Victor Hugo, qui l'ouvrit tout droit à une certaine page qu'il connaissait bien.

— Monsieur le secrétaire perpétuel, veuillez avoir la bonté de relire tout entière la phrase où se trouve le terme incriminé qui a fait interrompre votre si intéressante lecture.

M. Villemain la relut d'un bout à l'autre. Après quoi, d'une voix nette et ferme, Victor Hugo lut à son tour un passage du *Voyage en Laponie*, qui contenait le même terme employé dans le même sens, ferma tranquillement le volume et le rendit à l'appariteur sans ajouter un mot.

Mais M. Cousin ne voulait pas être battu.

— Eh ! dit-il, Regnard n'est pas une autorité ; c'est un écrivain de second ordre ; et puis faut-il, parce qu'un mot se trouve dans le coin d'un auteur...

Ici la patience échappa à Royer-Collard. Coupant la parole à M. Cousin :

— Il n'y a pas de coin, Monsieur, — dit-il

de son ton hautain et nasillard, — il n'y a
pas de coin aux auteurs ; un auteur n'a pas
de *coin*.

Dans la même conversation qui suivit le
mémorable dîner ouvert par un monstre
marin digne du pinceau de Théramène, Victor
Hugo dit encore :

— Je crois que je finirai par être ermite.
Ce ne sera pas étonnant, puisque je suis
diable... Je m'arrangerais très bien de vivre
dans un trou, au bord de la mer, et de ne
manger que des coquilles... Cependant, pour
être de bonne foi, je voudrais bien qu'un
nain m'apportât chaque jour ma côtelette...
Il me prend par moments des envies folles
de m'enfuir aux îles Sorlingues et de m'enfer-
mer dans une solitude inaccessible, où je ne
recevrais ni journaux ni lettres.

En même temps il tira de la poche de son
veston un énorme paquet de lettres et de
journaux, qu'il jeta sur la table, en me fai-

sant remarquer que c'était le courrier d'un seul jour. Je comptai. Il y avait dix-sept lettres et un peu plus de journaux.

— Comment voulez-vous que je lise tout ça ?... Je n'ai pas seulement le temps de parcourir, pas même celui d'ouvrir... Et c'est dommage... J'ai ouvert ce matin une lettre reçue au mois de juin dernier. Elle était très intéressante...

A neuf heures, Victor Hugo devint sublime. L'essence et les attributs de Dieu, la nécessité de la prière, l'absurdité du panthéisme, l'absurdité du positivisme, l'absurdité du matérialisme, le système solaire et planétaire, le temps et l'espace, les deux infinis, celui de la grandeur et celui de la petitesse, la divisibilité de la matière, l'immortalité de l'âme, tous les plus hauts problèmes de la métaphysique furent posés et résolus.

— Oh ! que l'athéisme est pauvre ! qu'il est petit ! qu'il est absurde ! Dieu est. Je suis plus sûr de son existence que de la mienne...

Si Dieu me prête vie, je veux écrire un livre
où je démontrerai que la prière est nécessaire
à l'âme, qu'elle est utile et efficace. Pour moi,
je ne passe pas quatre heures de suite sans
prier. Je prie régulièrement chaque matin et
chaque soir. Si je me réveille la nuit, je prie.
Que demandé-je à Dieu ? De me donner sa
force. Je sais ce qui est bien et ce qui est mal ;
mais je suis faible, j'ai conscience de ma faiblesse, et en moi seul je ne trouve pas la force
de faire ce que je sais qui est bien... Dieu nous
soutient et nous enveloppe. Nous sommes en
lui. Nous avons en lui vie, mouvement, être.
Il est l'Auteur de tout. Il est le Créateur. Mais
il n'est pas vrai de dire qu'il *a créé* le monde.
Car il le crée éternellement. Il est l'âme de
l'univers. Il est le Moi de l'infini. Il est... Tu
dors, Adèle ?...

Cette question s'adressait à madame Victor
Hugo, qui, écroulée dans un fauteuil depuis
le dîner, dans l'attitude pelotonnée et recueillie d'une personne intérieurement attentive,

« Tu dors, Adèle ?... »

le menton appuyé sur sa noble poitrine, les mains croisées sur son abdomen et les paupières closes, apparemment pour mieux écouter, n'avait encore fait entendre que le bruit régulier de sa respiration. Réveillée en sursaut de sa méditation silencieuse, elle protesta avec toute l'énergie de l'innocence injustement accusée :

— Cher grand ami, comment pouvez-vous croire que je dors pendant que vous parlez ?

*
* *

Dans les délais réglementaires, je fis ma visite de digestion à madame Victor Hugo.

Je surpris Adèle et Victor mangeant maritalement dans la même casserole une bouillie dont ils se disputaient le gratin. La chemise du maître, ouverte par devant et faisant une grosse bouffissure sur le pantalon mal boutonné, laissait voir une camisole de flanelle rouge, qui, n'étant pas elle-même bien fermée, montrait une peau velue, mais très propre. En professant un souverain mépris pour « l'enveloppe superficielle », le « philosophe scythe », comme il s'appela lui-même en cette occasion avec bonhomie, tenait extrêmement à la propreté du linge et à celle de la peau.

Madame Victor Hugo, se redressant avec dignité, me dit majestueusement :

— Bonjour, Monsieur.

Mais son hirsute époux, qui continuait à être de la plus charmante humeur, entonna gaiement la louange de la bouillie, suivie de l'apothéose du gratin, et couronnée par un dithyrambe à la gloire de tous les laitages en général :

— Rien n'est meilleur pour la santé. Une des boissons les plus hygiéniques que l'on puisse prendre à table, chez soi, c'est du lait coupé d'eau, et ce n'est pas fade du tout, comme le croit le vulgaire.

A la qualification complaisante qu'il se donnait souvent de « grand classique méconnu », Victor Hugo ajoutait non moins volontiers celle de « grand médecin incompris ». Les consultations dont sa haute science me gratifia reviennent à mon souvenir nombreuses et diverses.

Il disait que, dans les grands dîners, quelles que fussent l'abondance et la variété des excellents crus offerts aux convives, on ne devait boire que d'un seul vin, blanc ou rouge, boire sec et boire peu.

Il avait une doctrine remarquable sur la meilleure façon de prendre les bains de mer. Il fallait choisir, dans une plage infréquentée, un rocher surplombant la mer, s'y dépouiller prestement de tous ses vêtements, après avoir assez couru pour être en sueur, plonger, faire deux ou trois brasses, revenir en nageant entre deux eaux, se hisser des mains et des pieds sur sa roche, se sécher au soleil comme on pouvait, et se rhabiller en un clin d'œil. Plus le bain était court et réduit à un plongeon rapide et complet, et plus le corps entrait chaud dans l'eau froide, plus aussi l'action du sel marin était tonique et salubre.

Je suivis son conseil et faillis me noyer. Car, ayant rencontré un courant qui m'emportait au large et me trouvant loin de tout secours, je me vis un jour fort en peine de regagner par mes seules forces le rocher dont j'avais fait mon vestiaire.

Ces bains solitaires et sauvages n'avaient point d'amateurs dans la haute société. J'eus la bonne fortune d'y surprendre une ou deux fois Diane et ses compagnes, mais elles ne descendaient pas de l'Olympe. Il y avait bien, à Guernesey, un vague établissement, avec des cabines dégarnies et mal closes pour se déshabiller ; l'installation n'était guère moins primitive que celle du rocher à la mode de Victor Hugo : ni costumes, ni caleçons, ni peignoirs, ni serviettes, ni baquet d'eau chaude. On se baignait absolument nu (les hommes, du moins), et on se séchait avec

son mouchoir de poche. J'usai de ces bains-
là aussi quelquefois; j'y rencontrai plusieurs
de mes grands et de mes petits élèves, et au
milieu de ces garçons, nus comme des plats
d'argent, je marchai nu moi-même comme
l'Hassan d'Alfred de Musset. En France, un
professeur qui ne craindrait pas de paraître
devant ses élèves dans l'état du premier
homme avant le péché, perdrait tout son pres-
tige. Les Anglais, avec une simplicité que
j'admire, une grave et antique *naïveté*, ne
trouvent ni ridicule ni inconvenance dans ce
spectacle naturel.

Après m'avoir fait un éloge très bien senti
de l'alimentation lactée, Victor Hugo m'entretint de l'éducation des femmes. Quelle
était la température de son *féminisme* ? assez
voisine de zéro. On n'ignore pas que ce grand
révolutionnaire, respectueux de plus d'un
vieux préjugé, était sagement conservateur
en cette matière et véritablement « classi-

que » pour des raisons ou par des sentiments de galanterie française et de vieille chevalerie.

Il me parla aussi de Voltaire :

— Voulez-vous verser un flot de lumière sur ce que vous écrivez ? Tracez au milieu d'une page blanche ces deux syllabes : VOLTAIRE. Toute la page en est éclairée.

Recette moins absurde qu'elle n'en a l'air. Dans cet heureux traitement du style amphigourique ou obscur, — simple phénomène de suggestion, — le mot « Voltaire » cesse d'être un pur signe abstrait pour devenir, avec les lettres claires et sonores dont il se compose, un symbole pittoresque et lumineux, analogue aux dessins dont Victor Hugo illustrait les marges de ses manuscrits et par lesquels il secondait souvent et achevait les idées de son intelligence. Mais pour comprendre que la prescription n'est point déraisonnable, pour apercevoir ou sentir ce que le simple tracé d'un nom propre sur une page blanche peut représenter ou suggérer, peut-être est-il nécessaire d'être un peu poète et d'avoir une imagination à la fois graphique et auditive.

Victor Hugo fit une autre remarque, utile contre-partie des procédés plus ou moins charlatanesques qu'on a tant reprochés, non sans raison, plus encore à ses éditeurs qu'à lui-même :

— Il faut éviter, comme dépourvue de toute signification, cette phrase commune : « Tel ouvrage a eu tant d'éditions. » Cela ne veut absolument rien dire. En effet, le roman de *Notre-Dame de Paris* fut tiré d'abord à onze cents exemplaires divisés en quatre éditions, et *William Shakespeare* à vingt mille exemplaires ne formant qu'une seule édition compacte. La seule formule qui ait un sens est celle-ci : « On a vendu deux, trois, quatre mille exemplaires de tel ouvrage. »

Avant de me laisser partir, le poète me montra d'intéressantes curiosités de ce qu'on peut appeler son musée, notamment un fusil, cadeau d'un ouvrier belge enthousiaste qui avait gravé sur le canon les noms de tous ses drames.

Je crois, sans être ici bien sûr de ma mémoire, que Mme Victor Hugo présidait encore, à Hauteville House, le 24 février 1867, un dîner de famille et d'amis à la fin duquel j'assistai dans des circonstances que je vais conter tout à l'heure; mais, après cette date, je ne la revis plus. Elle était retournée dans son cher Paris auprès de l'oculiste qui soignait ses pauvres yeux malades. Elle mourut à Bruxelles, le 27 août 1868. Victor Hugo, auquel j'adressai mes condoléances, me répondit, de sa large écriture écrasée qu'on dirait sortie moins d'une plume d'oie ou d'aigle, même taillée avec un sabre, que d'un éclat de poutre trempé dans l'encrier:

Je n'ai que la force d'un serrement de main, cher monsieur, je vous l'envoie du fond du cœur.

V. H.

1892

je n'ai que
la page d'un
document de main,
cher Maurice, je
Vous l'envoie de
tout mon cœur.

V. H.

M. A. Shakespeare

*
* *

Le 24 février était l'anniversaire de la seconde République. Je n'avais pas été invité ce jour-là chez le proscrit de l'Empire. Mais, usant de la liberté qu'il me laissait si hospitalièrement, je me présentai chez lui d'assez bonne heure, avant qu'on fût sorti de table. J'eus mon dessert. On crut même pouvoir m'offrir encore quelque chose d'un pâté de bécassines aux truffes ; mais, le couvercle ôté, il se trouva qu'il n'en restait plus.

Ce qui est notable ici, comme un trait de délicatesse tout à l'honneur du grand homme, c'est justement le fait que *je n'avais pas* été convié à ce festin. Quand j'entrai, l'illustre exilé me dit crûment que j'étais « tombé dans un guêpier » ; car on allait boire à la santé de la République.

J'avoue que je n'y avais point songé et

8

que je me préoccupais fort peu des inconvénients que ma participation ou ma présence à ce toast républicain pouvait avoir pour ma carrière. Mais Victor Hugo y pensait pour moi. Sa sollicitude au sujet de mon avenir s'est montrée dans certains détails assez curieux. Je trouve digne de remarque sa longue hésitation à contenter enfin mon envie et à me donner le petit volume des *Châtiments* (édition de 1853, Genève et New-York), lui qui me fit magnifiquement cadeau d'autres ouvrages d'une valeur matérielle beaucoup plus considérable, tels que son *Théâtre* illustré et que *l'Homme qui rit*, exemplaire de la première édition en quatre volumes in-octavo. Il craignait réellement de me compromettre. Il savait que mon ambition était de devenir, en entrant dans l'enseignement supérieur, un fonctionnaire de Napoléon III, et il se faisait un cas de conscience d'apporter la plus légère entrave à l'accomplissement d'une si haute destinée.

Il me dit donc, il me répéta avec une insistance presque touchante, que j'étais absolument libre de m'unir ou non au toast qu'il allait porter, et je crois vraiment qu'il eut le tact, la discrétion, la bienveillance de donner à son discours politique un tour qui me permît de m'y associer de tout mon cœur : car c'est sans la moindre réserve que je pus lever mon verre à la santé de la République libérale, pacifique, généreuse, tout aimable et toute conciliante, *idéale*, en un mot, dont il fit l'éloquente définition.

Puis la conversation roula sur Homère, sur Rembrandt, sur Rubens, sur Shakespeare, sur Michel-Ange, sur Jordaens, sur Van Dyck, sur Eschyle, sur... « Plonplon » — et sur une tache de graisse que Mme Chenay avait faite à sa robe. Aussi grand donneur de recettes ménagères que de conseils hygiéniques, le poète déclara que le meilleur remède était de tremper l'étoffe immédiatement dans du vinaigre pur.

*
* *

Franchissons un espace mort de sept mois, non que mes relations avec Victor Hugo aient été tout ce temps interrompues, mais parce que je n'ai conservé de cette période ni lettre, ni note, ni aucun souvenir.

Je trouve bien, dans la vie intérieure du collège Elizabeth, au mois de mai de cette année-là, une nouvelle assez grosse : mes élèves jouant et d'abord annonçant par voie d'affiche *les Sages Femmes* de Molière, grande comédie en vers et en cinq actes, plus connue sur le continent sous le nom des *Femmes savantes*; mais ce fait divers, qui ornerait assurément l'histoire de Guernesey, si c'était elle que je racontais, n'intéresse point la chronique de Victor Hugo.

Le 20 octobre 1867, j'allais descendre de ma chambre pour prendre ma place au diner

« Mes élèves jouèrent et d'abord annoncèrent
par voie d'affiche *les Sages Femmes* de Molière. »

de une heure dans l'excellente famille bourgeoise où j'étais pensionnaire, quand je vis
passer sous ma fenêtre, avec son grand chapeau de charbonnier et sa belle démarche,
« l'homme à la jambe de prince » revenu de
son voyage annuel en Belgique et dans les
Pays-Bas. Je sortis tout de suite après dîner,
dans l'espoir de le rencontrer au retour de
sa promenade, et je le rencontrai en effet.

— Eh bien ! me dit-il, nous voilà revenus
tous deux de voyage ?

— Oui, et j'ai lu dans les journaux que
vous étiez allé à Genève, et même, s'il faut
les croire, à Paris.

— C'est du roman pur. Je n'ai été qu'en
Belgique et en Hollande. Mais, à l'heure qu'il
est, il y a encore à Paris trois personnes sur
quatre qui croient que j'y suis allé et plusieurs même affirment m'avoir vu. Louis
Ulbach connaît un monsieur parfaitement
convaincu qu'il a dîné avec moi à Versailles.
De même pour mon prétendu voyage à

Genève et pour ma rencontre avec Garibaldi. Une feuille catholique me prête un discours au Congrès de la Paix ; elle le cite, l'analyse, le critique et s'indigne... N'y a-t-il pas là de quoi nous rendre bien défiants quand nous lisons l'histoire ? Que devient la certitude historique ? Dans cent ans, il se rencontrera un nouveau Taine pour écrire : « Nous avons mis la main sur des documents inédits qui nous permettent d'affirmer de la façon la plus catégorique l'authenticité d'un fait qu'on avait jusqu'ici contesté et nié : Victor Hugo est allé à Paris au mois de septembre 1867. La chose ne peut plus faire question. Un contemporain a diné avec lui à Versailles ; il raconte le diner dans une lettre à un ami. » Et, au bas de la page, il y aura une note renvoyant le lecteur aux pièces justificatives de la fin du volume. « Avec la preuve du voyage de Victor Hugo à Paris, — continuera le Taine de 1960, — nous avons celle de son voyage à Genève, tout aussi vrai et d'ailleurs moins invraisemblable. Il est certain qu'à la même époque Victor Hugo alla à Genève et qu'il prit la parole au Congrès de la Paix, puisqu'un journal a donné son discours et que Victor Hugo ne l'a point démenti... » Voilà comment on écrit l'histoire ! Voilà les erreurs où l'on s'expose en attachant une importance excessive aux petits faits ! Les grands faits moraux importent seuls, et non point les particularités extérieures, la couleur des cheveux, le lieu de la naissance, etc. Un critique n'a-t-il pas eu l'idée saugrenue d'écrire toute une page pour expliquer la nature de mon talent poétique par l'influence de la Franche-Comté ? Je suis né en Franche-Comté, c'est vrai ; mais, à l'âge de six semaines, j'ai quitté le pays et je n'y suis jamais retourné... Ni Tacite ni Thucydide n'ont donné dans ce ridicule travers. Eh ! qu'importe qu'un homme ait les cheveux blonds ou noirs ? Prétendez-vous expliquer par là son tempérament ? Frédégonde avait les cheveux blonds comme un ange du ciel. Auguste Vacquerie, talent robuste et viril, réunissant en lui ce qu'il y a de meilleur dans Pascal et ce qu'il y a de meilleur dans Voltaire, avec quelque chose de plus, — Auguste Vacquerie a les cheveux blonds, ou du moins il les avait blonds dans sa jeunesse. Paul Meurice, talent surtout gracieux, d'une infinie douceur, a les cheveux noirs... La critique à la mode du jour, qui lâche l'essentiel pour de vaines curiosités, cherche la solution du problème fameux : connaissant la hauteur du grand mât et la quantité des vivres à bord, calculer l'âge du capitaine.

⁎
⁎ ⁎

Je fus mis en quarantaine, une fois, par « le plus grand médecin du xixᵉ siècle ». Kesler fut le commissionnaire qui me signifia ma consigne par le laconique billet que voici :

Mon cher confrère,

J'irai vous remercier moi-même quand les petits pois ne pousseront plus chez vous. C'est un légume que M. Victor Hugo redoute beaucoup quand il prend le non de petite vérole. Merci encore et tout à vous.

KESLER.

On sait les proportions effrayantes que prennent avec la rapidité de la foudre les moindres bruits de maladies contagieuses. Voici exactement ce qui s'était passé. Entre le 17 et le 20 décembre 1867, le jeune Jack Valrent, fils cadet des braves gens chez qui je logeais, fut pris d'une indisposition subite à laquelle l'imagination alarmée des voisins s'empressa de donner le nom de petite vérole, sans que j'aie jamais su pourquoi ; on pourra juger de la gravité du mal quand j'aurai dit que le prétendu varioleux garda le lit une matinée, la maison un jour et demi, et que, le surlendemain, il pouvait sortir par tous les temps, manger à sa faim, boire à sa soif, jouer, sauter, courir et faire le diable à quatre avec la permission du médecin.

Respectant l'excommunication que Victor Hugo avait lancée sur moi et qu'aucun jugement nouveau ne m'autorisait à croire levée, je n'avais pas osé encore, à la fin de janvier 1868, reparaître à Hauteville House, et j'attendais impatiemment l'occasion de rencontrer le poète en plein air, afin d'éclairer, sans péril pour lui, sa religion sur le véritable état des choses. Cette occasion me fut donnée enfin, **le 26** janvier, devant la plaine immense, pure et **salée** de l'Océan. Me tenant à une distance respectueuse **et parlant** d'une voix haute et bien articulée, je fis, dans **le** vent qui soufflait du large, le récit authentique des faits.

— C'est bien ! — dit, en se rapprochant, mon Esculape. — Dans les maladies contagieuses, il faut distinguer deux périodes : la période d'*inflammation* et la période de *fari-*

nation. Ce n'est pas pendant la première que la contagion est à craindre ; c'est pendant la seconde. Mais, si votre jeune varioleux était guéri le 22 décembre, il est permis d'espérer qu'à son tour la période de farination est terminée, et que tout danger sérieux est écarté désormais. Je vous prie de *me faire l'honneur* de revenir bientôt me voir à Hauteville House

— Maître, — répondis-je, — j'aurai l'honneur d'aller vous demander à déjeuner cette semaine.

C'est le vendredi 31 janvier 1868 que ma rentrée eut lieu et ce jour est une grande date dans ma chronique de la vie de Victor Hugo à Guernesey. La nouvelle s'était répandue, la veille, qu'une troupe d'acteurs français en voyage, venant de Jersey, où ils avaient joué *Horace* avec succès, arrivait à Guernesey pour offrir à Victor Hugo une représentation d'*Hernani.*

Cette nouvelle agréable me causa surtout une vive agitation, car je désirais ardemment que la haute société de l'île fît son devoir en cette circonstance, et je n'étais pas sans inquiétude sur l'empressement qu'elle mettrait à honorer le poète par son affluence au théâtre.

Mon agitation fut, dans une certaine mesure, celle de la mouche du coche, puisque je pouvais me reposer sur un homme d'autant d'esprit et de littérature que le bailli, sir Stafford Carey, pour faire en cette occasion tout le nécessaire. Mais lui-même eut à défendre la cause de la poésie, de l'honneur local et du sens commun contre l'incroyable sottise de certains personnages officiels qui disaient hautement que cette aventure les laissait froids, *Hernani* étant un spectacle « immoral ».

Il fallait d'abord ouvrir le théâtre, l'épousseter, l'aérer et l'éclairer ; il restait fermé constamment ; depuis 1866, je ne l'avais vu ouvert qu'un seul soir, pour une représentation de *la Somnambule*, avec un piano et deux violons à l'orchestre. Sir Stafford Carey donna au procureur de la reine et aux autres autorités des instructions qui furent exécutées avec plus ou moins de bonne grâce. Justement il y avait, le 30 janvier, à sept heures et demie (telle était l'heure *fashionable*), une grande soirée chez le bailli, avec mascarades et tableaux vivants. Miss Carey manifesta sa ferme résolution d'aller au théâtre, et elle me promit d'user de toute son influence pour y entrainer ses amies. Frederick de Sausmarez, un de mes grands élèves du collège Elizabeth, celui qui, socialement, avait le plus d'importance par la noblesse de sa famille, me fit les mêmes promesses, et le bailli me déclara que la représentation d'*Hernani*, qui ne souffrait plus aucune difficulté, aurait lieu le lendemain.

Le vendredi 31 janvier, toute la troupe

déjeunait à Hauteville House. On pense
si, à midi, j'oubliai que j'avais mes libres
entrées. Victor Hugo, avec sa bonne grâce
accoutumée, ne parut nullement ennuyé
ou surpris de l'arrivée de ce convive surnu-
méraire, et il me dit même que j'étais « bien
aimable » d'être venu !

La présentation des acteurs au poète par
le maître du protocole, Hennet de Kesler,
eut lieu dans les salons du premier étage.

Le galant vieillard fit à mademoiselle
Othon ce compliment :

— Mademoiselle, on m'avait bien dit que
je verrais une très belle doña Sol.

Cette actrice était la seule personne de
la troupe qui eût l'usage du monde et qui
parût à peu près à son aise. Ruy Gomez,
comme nous descendions l'escalier, me confia
qu'il était extraordinairement ému.

En se mettant à table, chaque comédien
trouva sous sa serviette le portrait du grand
homme. J'avais suggéré cette idée au vail-

« La présentation eut lieu
dans les salons du premier étage. »

lant photographe Arsène Garnier, qui passa toute la matinée à tirer des épreuves et qui assistait, naturellement, au banquet. Un murmure inarticulé, mais admiratif et reconnaissant, accueillit ce gracieux cadeau.

Malgré les efforts du maître de la maison pour rompre la glace, une lourde contrainte pesait sur tous les convives. Hernani demeurait stupide. Don Carlos ne desserrait les dents que pour avaler, en étouffant, quelques morceaux. Ricardo se mouchait dans sa poche. Ruy Gomez, un homme grand comme un tambour-major, qui soufflait comme un phoque, buvait énormément pour se donner du cœur. Ils avaient tous une peur horrible, et ils devaient être encore bien plus troublés le soir : car, obligés de retrancher un tiers de la pièce, faute d'un personnel suffisant, et de décorer la scène avec des manches à balai, ils étaient confus de ne pouvoir présenter au poète qu'un squelette décharné de son chef-d'œuvre.

Comme il arrive toujours quand on n'a rien à dire, et de même qu'on aurait parlé des enfants s'il y en avait eu dans la maison, on parla du chien, qui était devenu le personnage central par l'encombrante liberté de ses allures, gambadant autour de la table, se fourrant dans toutes les jambes et posant sa tête sur tous les genoux. Kesler se préparait à réciter le distique, inédit encore, autrefois écrit de la main du poète sur le collier de Sénat : je ne sais pourquoi Victor Hugo le lui défendit ; mais le maître étant sorti pour donner un ordre, Kesler en profita aussitôt :

Je voudrais que chez moi quelqu'un me ramenât.
Mon état ? chien. Mon maître ? Hugo. Mon nom ?
Sénat.

Le collier fut volé, naturellement; ce qui (pour terminer l'histoire) fournit à un flatteur, peut-être à Kesler lui-même, l'occasion de ce madrigal :

« Chaque comédien trouva sous sa serviette
le portrait du grand homme. »

— Maître, pourquoi aussi mettez-vous des diamants au cou de votre chien ?

Au dessert, Marquand porta un toast au grand poète en termes outrageusement hyperboliques, comme l'exige peut-être le genre. Victor Hugo, évidemment pris à l'improviste, fit une réponse modeste et spirituelle, détournant de lui-même l'honneur qu'on lui faisait et le reportant sur les comédiens. Nous nous levâmes tous et nous levâmes nos verres, en disant :

— A Victor Hugo !

La représentation était annoncée pour sept heures et demie. On fut si ponctuel qu'étant entrés au théâtre à sept heures trente-cinq, Frederick de Sausmarez, Arsène Garnier et moi, nous eûmes le désappointement de trouver le rideau levé et le spectacle commencé. Nous ne gagnâmes nos stalles d'orchestre ou de parterre (je crois que la distinction n'existait pas) qu'après le premier acte. Victor Hugo était arrivé à l'heure, avec cette parfaite exactitude qui est la politesse des auteurs et des princes. Il se dérobait aux yeux derrière le rideau de sa loge, Mme Chenay, seule en vue, occupant la place de devant; tout au fond se cachait Juliette, invisible. Dans la loge voisine de la sienne, deux impertinentes et charmantes perruches de mon cours de littérature, qui auraient dû se contenter d'être délicieuses à regarder dans leurs jolis minois et leurs fraîches toilettes, riaient sottement et jacassaient, parlant presque aussi haut que les acteurs. Je leur faisais des yeux que j'essayais de rendre farouches; je les aurais étranglées... croquées plutôt.

J'avoue que je prêtai fort peu d'attention à la pièce et à la façon dont elle fut jouée, tant j'étais uniquement préoccupé de la conduite de la salle et du succès personnel qu'elle ferait au poète ! Le théâtre n'était pas bondé de spectateurs, cependant il était honnêtement rempli ; on n'applaudissait pas beaucoup, cependant on applaudissait. Entre le troi-

Madame Drouet.

sième et le quatrième acte, Victor Hugo parut un instant. J'en profitai pour crier :

— Vive Victor Hugo !

Ce cri n'eut pas d'écho, mais une partie de la salle battit des mains.

Après le quatrième acte, j'allai voir Victor Hugo dans sa loge et je fus présenté alors, pour la première fois, à madame Drouet, que je ne connaissais pas encore personnellement, ne lui ayant point fait de visite et ne l'ayant jamais rencontrée à Hauteville House. Victor Hugo me demanda de faire l'article pour la *Gazette officielle*.

Après le cinquième acte, quand il n'y eut plus sur la scène que des cadavres, un Anglais se leva et dit :

— *Three cheers for mister Victor Hiougo !*

Les hurrahs réglés et les bans en mesure sont proprement la forme des acclamations britanniques : Victor Hugo eut ses trois *cheers ;* c'est tout ce qu'on pouvait raisonnablement espérer.

On se fera une idée des coupures énormes qu'avait nécessitées dans le chef-d'œuvre l'indigence de la scène et de la troupe, si je raconte qu'étant allé chez Garnier après le spectacle boire une bouteille de champagne (pardon... je voulais dire : de vin de Champagne... ne te courrouce pas, ombre de madame Victor Hugo !) avec mes braves élèves Edward Ozanne et Fredy de Sausmarez, bien dignes de cette récompense pour avoir fait comme il faut leur devoir d'applaudisseurs, j'étais dans mon lit à dix heures et demie — et Victor Hugo dans le sien, sans aucun doute.

Je travaillai le lendemain à mon article, qui parut dans la *Gazette* du 3 février et qui fut reproduit, m'a-t-on dit, par plusieurs journaux parisiens, notamment par le *Figaro*. Tout l'intérêt que ce document conserve aujourd'hui se réduit à sa partie historique, que je vais seule transcrire :

Les deux ou trois cents spectateurs qui remplissaient, vendredi soir, le petit théâtre de Guernesey ne savent peut-être pas qu'ils assistaient à une fête que les Parisiens eussent payée bien cher. Quarante ans après les luttes terribles et, peu s'en faut, sanglantes, qui ont signalé les premières représentations d'*Hernani*, huit mois après l'éclatant triomphe de la reprise, voir jouer devant son auteur, loin du monde, dans une humble salle, sans bruit et comme en famille, ce drame qui est l'événement le plus considérable de l'histoire littéraire de notre siècle ! C'était une fête de l'intelligence. Rien pour le plaisir des yeux. L'excessive simplicité de la mise en scène rappelait ces représentations dramatiques du XVIe siècle, où une forêt, un château étaient figurés par des poteaux avec cette inscription : *Le théâtre représente une forêt... Le théâtre représente un château...* Les grandes œuvres savent se passer du luxe des décors; l'absence de tout ornement extérieur faisait d'autant mieux ressortir la beauté supérieure des vers...

Les nobles et courageux artistes qui, après avoir représenté *Hernani* dans toute la France avec un succès grandissant de ville en ville, sont venus jusqu'à Guernesey déposer leurs couronnes aux pieds du poète, ont su vaincre et les difficultés d'une représentation improvisée en quelques heures sur un théâtre où l'araignée filait sa toile depuis de

longs mois, et l'émotion qu'ils devaient éprouver
en jouant devant Victor Hugo... Mlle Othon est une
doña Sol accomplie; elle a la beauté, la passion, le
style... Agrandissez la scène, multipliez les feux de
la salle et de la rampe, donnez à l'actrice cet espace,
cette lumière, cette perspective et cette juste distance
nécessaires à une représentation dramatique comme
à un tableau ; en un mot, ayez un théâtre au lieu
d'une simple estrade : Mlle Othon paraîtra non moins
superbe que Favart. La petitesse du local a nui
surtout à M. Teysseire, qui remplissait le rôle
d'Hernani... M. Duhamel a très bien étudié le rôle
de don Carlos. Il a la froideur méprisante, l'ambition
inquiète, la galanterie sans cœur du libertin cruel,
avec les grandes façons de prince et d'empereur. Il
a dit supérieurement le monologue célèbre du quatrième acte... On a justement admiré M. Frumence
dans le rôle de Ruy Gomez... Cette excellente compagnie, dirigée par M. Brocart, n'est pas venue à
Guernesey pour faire une recette ; mais elle emporte
de Guernesey et elle rapporte en France ce qui vaut
mieux pour elle que la plus brillante des recettes :
les applaudissements de Victor Hugo.

... M. Victor Hugo, avec cette politesse qui sied
aux poètes comme aux princes, n'avait pas voulu
que sa personne pût devenir l'objet du spectacle
aux dépens des applaudissements directs qu'on devait aux acteurs. Il avait donc demandé, ou plutôt

exigé, qu'on lui trouvât une place où il fût invisible.
A cette condition seulement il consentait à se rendre
au théâtre. Mais, pour gagner sa place et pour la
quitter, il a dû se montrer à une partie de la salle.
Les applaudissements ont éclaté aussitôt, à deux ou
trois reprises. surtout à la fin, et M. Victor Hugo a
remercié chaque fois par une gracieuse inclination.
Ces applaudissements ne venaient pas du parterre,
d'où l'on ne pouvait apercevoir le poète, mais des
loges, occupées, encombrées par l'aristocratie de
l'île, qui a fait preuve de beaucoup d'esprit et de
cœur en saisissant cette occasion unique de venir
rendre un public hommage à l'hôte illustre de
Guernesey.

Le rideau s'est relevé après le cinquième acte, et
doña Sol ressuscitée a offert au maître, au milieu des
acclamations, une couronne de laurier. Nous avons
vu de près cette couronne ; elle porte la légende
suivante en lettres d'or sur un cartouche bleu :

*Hernani. — A V. Hugo, les artistes reconnaissants.
— Guernesey, 31 janvier 1868.*

★
★ ★

Le jeudi 6 février, j'appris de Mme Chenay, rencontrée à la promenade dans *Park*

Lane Steps, en compagnie de Sénat, que « monsieur Victor Hugo » avait lu avec plaisir l'article de la *Gazette,* et que, pour me témoigner sa satisfaction, il se proposait de m'offrir, avec sa signature sur la première page, un exemplaire de son théâtre.

J'allai le voir dès le lendemain, à l'heure habituelle, j'entends à celle du repas de midi. En entrant, le dernier, dans la salle à manger, où les convives étaient déjà réunis, Victor Hugo me remercia en termes parfaitement simples ; on se mit à table, et sur-le-champ il commença la critique de mes idées, ayant soin d'ajouter que, s'il me contredisait, c'est parce qu'il faisait cas de mon article. Sans quoi, il se serait borné à un remerciement de politesse.

Mais me voici obligé (j'en demande pardon à mes lecteurs) de donner d'abord une analyse de la partie littéraire de mon travail pour introduire et pour rendre intelligibles les critiques de mon amphitryon.

Je disais donc que l'art dramatique de Victor Hugo ressemble aussi peu à celui de Shakespeare qu'à celui de Racine. Shakespeare se distingue par une telle fécondité créatrice de types individuels si variés, si originaux, si vivants et si vrais, qu'on peut comparer son œuvre immense à une miniature de l'univers. Racine excelle dans une fine analyse des passions, dans une étude profonde du cœur humain, qui fait de son théâtre, généralisateur à l'excès, une école de philosophie morale. Par la concentration puissante et l'unité toute française de ses pièces, Victor Hugo diffère extrêmement de Shakespeare; il ressemblerait plus à Corneille qu'à Racine, par la grandeur de ses héros, dont le langage et les actions surpassent la nature; mais il sait mieux que les classiques français unir le réel à l'idéal en donnant aux géants de ses drames une couleur locale, un costume pittoresque et tous les caractères particuliers de leur époque et de leur pays. « S'il fallait ab-
10

solument, disais-je encore, trouver à Victor Hugo un prototype et un pair, nous nommerions Eschyle, dont les personnages surhumains continuaient à parler sur la scène dramatique le langage de la poésie lyrique et de l'épopée. »

Je n'ai jamais pensé un mot de cette prétendue ressemblance de Victor Hugo avec Eschyle, et je m'accuse d'avoir cédé ici à la tentation de flagorner l'auteur du *William Shakespeare*. Afin de racheter cette lâche complaisance, je terminais ma petite dissertation littéraire par une réflexion toute simple et qui n'a l'air de rien, mais qui suffisait pour me séparer nettement du troupeau des *hugolâtres* (le séide Kesler me le fit bien sentir) :

En 1830, il fallait choisir entre le siècle de Louis XIV et *Hernani*. On était classique ou romantique, et sans savoir au juste ce qu'on voulait, on se faisait la guerre, une guerre à mort, au bruit de ces mots vides de sens. Aujourd'hui, ces querelles sont bien loin de nous. La critique, devenue équitable en apprenant l'histoire, sait comprendre et honorer Racine en même temps que Shakespeare et que Victor Hugo, et s'incliner avec un intelligent respect devant toutes les gloires consacrées par l'admiration d'un grand peuple et l'assentiment du genre humain.

Victor Hugo me dit d'abord que je m'étais trompé sur Shakespeare.

— Vous partagez sur ce grand poète l'opinion courante, mise à la mode par Taine et par Deschanel, qui ne voient dans Shakespeare qu'un reproducteur des hommes tels qu'ils sont et de la nature telle qu'elle est. A ce compte-là, Shakespeare ne serait donc qu'un premier exemplaire de Balzac ? Non, non, ses personnages participent de l'idéal comme ceux de Corneille et d'Eschyle. Où trouver dans la nature, je vous prie, les types de Macbeth, de Richard III, d'Othello, de Falstaff, de Falstaff surtout ? A l'élément humain Shakespeare ajoute l'élément surhumain, et c'est par là qu'il est grand. Tout vrai poète est un créateur de types ; or, il est de l'essence des types d'être au-dessus de la nature et surhumains.

J'étais si loin de contester à Victor Hugo sa doctrine excellente sur l'idéale vérité de l'art comparée aux plates réalités de la nature, que je lui proposai d'en faire une plus large application et d'étendre à Balzac ce qu'il avait dit de Shakespeare.

Ce qu'il y a d'agréable en esthétique littéraire, c'est que toutes les thèses y sont bonnes, la vérité, dans ces nobles jeux de l'esprit, consistant moins à découvrir une chose réellement existante en soi qu'à construire d'ingénieux édifices d'idées qui ont une perfection suffisante quand ils sont élégants, plausibles et logiques. Les doctrines changent en littérature de la même façon que l'idéal dans l'art et dans la poésie, et ce renouvellement se fait par des idées qui sont d'abord des paradoxes, puis deviennent des lieux communs, jusqu'à ce qu'un nouveau paradoxe ou, plus généralement, un ancien lieu commun rajeuni remodifie pour un temps la vérité. L'idée que l'imitation vraie de l'humanité vivante est une bonne règle en art dramatique passait pour assez bien établie : changez les mots, nommez la chose *réalisme* ; vous commencerez à douter de ce qui vous semblait incontestable. N'ai-je pas lu dans un livre sérieux que jamais la poésie grecque n'est tombée dans une pareille « aberration » et que « cette fausse théorie des personnages vivants » est ce qui nous a valu « toutes les abominations de nos jours » ?

J'avançai donc que Balzac, lui aussi, était plus et mieux qu'un réaliste pur, et que, d'ailleurs, le pur réalisme est impossible en art et contradictoire. Qu'il le veuille ou non, un créateur littéraire idéalise toujours plus ou moins. Je citai le père d'Eugénie Grandet comme exemple d'un type d'avare idéalement agrandi. Victor Hugo l'accorda, et il ajouta même au père Grandet le père Goriot, type irréel et monstrueux de l'amour paternel, comme non moins admirable à ce point de vue... Mais il avait contre Balzac une objection capitale et d'un autre ordre.

— Ce n'est pas un artiste, ce n'est pas un écrivain. La forme, le style, lui font trop défaut. Voyez Horace : il n'y a pas, en général, beaucoup de profondeur dans sa poésie; mais elle vit et vivra éternellement, parce que l'exécution est parfaite.

Et, rompant les chiens, le plus grand de nos écrivains en vers se mit à me réciter, d'un bout à l'autre, la belle ode d'Horace :

Eheu, fugaces, Postume, Postume,
Labuntur anni...

en la traduisant pour sa belle-sœur.

Mon erreur sur Shakespeare était la moindre faute de mon article. Je m'étais trompé bien plus gravement sur les classiques français :

— Vous avez fait à Racine beaucoup trop
d'honneur en le mettant dans la compagnie
des plus grands poètes (puisque vous le
nommez à côté d'eux), et en l'égalant à Corneille. Racine n'est qu'un écrivain de troisième ordre, à peine supérieur à Campistron.
C'est un poète essentiellement *bourgeois*. Il
répond à un besoin qu'on peut appeler national, tant il est universel en France : le besoin
de la poésie bourgeoise. Pascal, qui n'a pas
dit beaucoup de bêtises, en a dit une fameuse
quand il a prétendu que le plus bel éloge
qu'on puisse faire d'un livre, c'est de dire :
« Je l'aurais fait. » Alors, quand nous lisons
le *Prométhée enchaîné*, nous pensons que
nous aurions pu le faire !... On nous rabat les
oreilles avec ces vieux clichés : « Racine est
un poète de cour. » « Racine était de son
temps. » S'il avait eu un vrai génie, il aurait
été au-dessus de son temps ; s'il avait eu un
vrai génie, il n'aurait pas fait sa cour à
Louis XIV... Les bourgeois ont voulu avoir

leur poëte : ils l'ont, c'est Racine. Et ils en ont d'autres encore : la famille des poëtes bourgeois commence à Racine et finit à Émile Augier, en passant par Casimir Delavigne et Ponsard.

De même que, dans une conversation précédente, Victor Hugo avait opposé Boileau à Racine, il lui opposa, ce jour-là, Molière. Il regardait Molière comme un écrivain de grande race, mais seulement dans sa première œuvre qui compte ; la mieux écrite de toutes ses comédies était, selon lui, *l'Étourdi*.

— *L'Étourdi* a un éclat, une fraîcheur de style, qui brillent encore dans *le Dépit amoureux*, mais qui peu à peu s'éteignent et s'effacent à mesure que Molière, malheureusement assagi, abandonne davantage la langue pittoresque du temps de Louis XIII :

> Attaché dessus vous comme un joueur de boule
> Après le mouvement de la sienne qui roule,
> Je pensais retenir toutes vos actions
> En faisant de mon corps mille contorsions.

--- Quel style ! quel mouvement ! quelle couleur ! quelle poésie ! La prose de Rabelais n'est pas plus vive. Et, dans toute la littérature française du xviie siècle, je ne connais rien de comparable, comme expression passionnée de l'amour, au reproche que Lélie fait à Mascarille, coupable d'avoir dit du mal de celle qu'il aime :

> Et sur ce que j'adore oser porter le blâme,
> C'est me faire une plaie au plus tendre de l'âme.

Ces deux beaux vers, prononcés avec feu par le grand poète romantique, recevaient une beauté nouvelle de tout ce que son lyrisme ajoutait à leur dramatique éloquence.

— « Le ciel s'est habillé ce soir en Scaramouche, et je ne vois pas une étoile qui montre le bout de son nez » : voilà, poursuivait Victor Hugo, de ces images qu'un poète seul rencontre, et que, dans la prose de *l'Amour peintre*, Molière sème encore comme des fleurs.

En me donnant son théâtre, l'auteur d'*Hernani* me conseilla d'y relire la préface de *Cromwell* et de relire aussi *l'Etourdi.*

« La langue des hommes est flexible, dit quelque part Homère, et elle a toutes sortes de discours de toutes les couleurs, et le pâturage des paroles s'étend çà et là. » Dans la salle à manger de Hauteville House, le 7 février 1868, les matières les plus diverses furent touchées tour à tour d'une aile prompte et légère : — *le Roi des Aulnes* de Schubert, « une des trois ou quatre choses » que Victor Hugo admirait le plus en musique ; — Agrippa d'Aubigné et Mathurin Régnier, « deux grands poètes dont on ne parle jamais dans les classes » (cela ne serait plus vrai aujourd'hui) ; — Lucrèce et Juvénal, « que l'infâme Université rejette dans l'ombre, parce que l'un a levé le voile de la nature et que l'autre a fait la guerre aux tyrans »... Hugo mettait Lucrèce et Juvénal au-dessus de Virgile et d'Horace, non seulement comme poètes, mais comme écrivains. Il m'avoua qu'après avoir adoré Virgile, il l'aimait moins aujourd'hui. C'est probablement le flatteur d'Auguste qui, dans l'esprit de l'auteur des *Châtiments*, a dû faire tort au chantre d'Énée, et c'est aussi la perfection soutenue du cygne de Mantoue, contraire aux doctrines esthétiques du *William Shakespeare*.

Sur Bossuet, qui fut effleuré à son tour en passant, la sentence de Victor Hugo fut d'une justice sévère :

— Bossuet a fait de bons devoirs. Ses oraisons funèbres sont de brillantes compositions de rhétorique. Mais il y a, dans les *Maximes et réflexions sur la comédie*, une page sur la mort de Molière, qui est horrible et qui est sublime :

« La postérité saura peut-être la fin de ce poète comédien, qui, en jouant son *Malade imaginaire* ou son *Médecin par force*, reçut la dernière atteinte de la maladie dont il mourut peu d'heures après, et passa des plaisanteries du théâtre, parmi lesquelles il rendit le dernier soupir, au tribunal de Celui qui dit : *Malheur à vous qui riez! car vous pleurerez.* »

Dans ce méli-mélo de jugements rapides, d'idées abordées à peine et déjà remplacées, madame Chenay demanda à son beau-frère ce qu'il pensait de l'abbé Delille ; car ce poète était un de ceux qu'on lui avait appris à admirer au couvent. Victor Hugo ne daigna faire aucune réponse. Alors, à propos du chef de l'école descriptive, je racontai qu'un poème immense, en onze mille vers alexandrins, avait été inspiré par l'Exposition universelle de 1867, que je ne l'avais point lu, mais que j'avais la douceur d'en connaître deux vers savoureux :

> Le jus de betterave a longtemps combattu
> Avant que pour sucrer s'établît sa vertu.

J'ai quelquefois eu l'honneur de faire rire Victor Hugo, mais jamais d'aussi bon cœur que le jour où je lui citai ce grave et solide échantillon de poésie didactique.

Le *poète* n'y put tenir, il éclata.

— L'auteur ? l'auteur ? — demandait-il en toussant et en s'essuyant les yeux.

Mais le signataire du chef-d'œuvre m'était sorti de la mémoire. Je ne pus lui dire son nom. Il déclara alors que ce ne pouvait être que l'illustre poète impérial Belmontet lui-même, immortalisé par un beau vers sur le feu d'artifice du 15 août :

Le vrai feu d'artifice est d'être magnanime (1).

---

(1) Depuis que ce chapitre a paru dans la *Revue de Paris*, j'ai retrouvé le nom de l'auteur et quelques autres citations de son poème. Je ne le nommerai point, pour ne pas troubler son repos ; mais voici le contexte du jus de betterave :

> Le jus de betterave a longtemps combattu
> Avant que pour sucrer s'établit sa vertu.
> Produit de fantaisie, aux jours de son enfance,
> La canne contre lui plus tard est sans défense ;
> Il sait rivaliser avec elle en tous points
> Et du grand Empereur justifier les soins.

De la même inspiration est sorti le *Salut* de la gare de Cherbourg au prince impérial descendant du train :

> Salut, prince, salut ! la gare est toute fière
> D'être à vous recevoir, en ce jour, la première !

La conclusion de ce long et libre entretien, dont le point de départ avait été la réfutation de mon article sur *Hernani*, fut que la vraie critique était encore à naître :

— Elle comparera les œuvres à l'idéal. Il y eut d'abord la critique qui faisait la guerre à la forme. Trente ans la *Revue des Deux Mondes* a vécu sur cette ineptie. C'était le temps de Gustave Planche. Puis, vint la critique de Taine, de Michelet, de Deschanel, qui s'amuse à de petits faits insignifiants, à des circonstances matérielles de temps et de lieu, fond frivole sur lequel elle construit, avec la gravité de la science, sous prétexte de vérité, de nature et d'histoire, l'édifice fantastique de ses idées creuses...

A cet endroit de son discours, l'auteur de *Sonnez, clairons...* et de *la Trompette du Jugement dernier* eut besoin de se moucher, comme un simple mortel. Le distique du jus de betterave irritait encore sa muqueuse. Il tira de sa poche un mouchoir de soie.

— Si j'avais l'honneur — continua-t-il — d'avoir à ma table M. Taine, il ne manquerait pas de remarquer que je me mouche dans de la soie, et sur cette observation importante il bâtirait toute une théorie. Or, il est bon que vous sachiez que je me mouche dans de la soie trois ou quatre fois par an tout au plus, quand je suis enrhumé du cerveau et que tous mes mouchoirs de coton sont au sale.

III

Victor Hugo ne m'a jamais raconté deux fois la même histoire. Sans doute, il aimait à revenir sur les idées qui lui étaient chères ; mais cette insistance honorable n'a rien de commun avec le radotage, faiblesse de tant de gens qui ne sont pas tous des vieillards. — « Dans telle ou telle circonstance, je vous ai dit telle ou telle chose »... Et c'était vrai, et le propos rappelé datait quelquefois de plus d'un an. Il retrouvait avec sûreté dans

sa mémoire et la matière et les termes et l'occasion de tous ses discours, et il en renouve-
lait au besoin le fond et la forme; mais il
était attentif à ne pas se répéter.

Pour remplir la fonction d'un secrétaire
exact, le rapporteur de ses conversations
doit, à mon avis, suivre sa méthode, sans
craindre de revenir avec lui sur les mêmes
choses, ces retours ne risquant point d'être
des redites. Au groupement des matières,
par lequel un certain goût d'arrangement
pourrait être séduit, mais qui est artificiel,
il faut donc continuer à préférer, dans une
relation comme la nôtre, l'ordre réel de la
chronologie.

En février 1868, je préparais sur Alfred de
Musset une conférence qui fut mon début
dans l'exercice de la parole publique et que
je donnai, le 25 mars, à Clifton Hall, sous la
présidence de M. Carré, — qui lui-même, huit
jours auparavant, avait fait à la même place

un discours sur les constitutions politiques en général et sur celle de Guernesey en particulier. — M. Carré était le président de la *Société guernesiaise*, société fondée pour le maintien de la langue française dans l'île.

Etant allé déjeuner à Hauteville House, le 21 février, j'entretins Victor Hugo du sujet de mon travail.

— Je ne suis pas frappé — me dit-il — de ce que la critique a cru découvrir depuis la mort d'Alfred de Musset : les prétendus « grands côtés » de sa poésie. Musset est un poète charmant, léger, délicat, de la famille d'Horace et de ce bon La Fontaine, que M. Taine prétend offrir à notre admiration comme le plus grand poète de la France ! Grand ? non pas. Ils ne le sont ni l'un ni l'autre. Réservons aux géants ce qualificatif. Si Musset a atteint la grandeur, c'est exceptionnellement, comme Béranger a atteint la poésie, par un coup d'aile qui ne s'est pas soutenu (1). Il a beaucoup imité Byron, et je trouve juste autant que jolie la définition qu'on a donnée de son talent en l'appelant « miss Byron ». Cependant, parce qu'on l'a surfait, il ne faudrait pas le rabaisser au-dessous de sa valeur. Quoi qu'en dise M. Ulbach, Alfred de Musset est un poète supérieur à Béranger ; mais il est très inférieur à Lamartine, chez qui la grandeur n'est pas exceptionnelle, et qui plane dans les hautes régions comme dans son élément...

Passant à une autre idée, Victor Hugo ajouta, un instant après :

— Mme Sand a dit du livre de Paul de Musset qu'il était « infâme » : ce mot est extrêmement fort dans sa bouche. Car madame Sand est une âme douce et calme, à la différence de la mienne, qui ne peut se contenir

---

1. Ce jugement de Victor Hugo sur Musset a une curieuse identité avec l'opinion de Flaubert *Correspondance*, deuxième série) : « Charmant poète, d'accord ; mais grand, non ; il n'y en a qu'un en ce siècle, c'est le père Hugo. »

quand elle est indignée, comme elle le fut dernièrement par l'abomination de Mentana.

L'imprimerie Bichard, rue du Bordage, à Guernesey, venait d'imprimer à part, sous ce titre : *la Voix de Guernesey*, un pamphlet minuscule, dont Victor Hugo me fit hommage, et qui figure à présent dans ses œuvres complètes, au numéro xiv de la seconde *Corde d'Airain* de *Toute la Lyre* et au numéro xxxvii des *Années funestes*, mais sous un titre nouveau. Cette violente satire contre l'empire et contre la papauté ne s'appelle plus *la Voix de Guernesey* ; elle est intitulée *Mentana* et s'adresse à Garibaldi.

D'Alfred de Musset, la conversation du 21 février passa aux prosateurs du xviie siècle, fort naturellement et sans autre rupture dans l'harmonieuse suite des idées que cette brusque sortie sur les fusils Chassepot « tuant » aux mains des Français, pour le

service du pape, « douze hommes par minute ».

Victor Hugo professait une vive admiration
pour ce qu'il appelait « le style courant » du
xviie siècle, c'est-à-dire la langue écrite sans
apprêt et sans prétention par les hommes et
par les femmes qui, en ces heures d'heureux
nonchaloir, ne faisaient pas métier d'écrivain.
Il déclarait le style épistolaire de Racine
« excellent » : c'est à peu près le seul et unique
bon point que je l'aie entendu donner au
divin poète, avec un autre certificat de bonnes
études qui trouvera sa place plus loin.

Exception faite pour Voltaire, Diderot et
Beaumarchais, il jugeait la prose du xviii^e
siècle « faible, commune et vulgaire ».

— Est-ce que vous n'exceptez pas Mon-
tesquieu aussi ? demandai-je au maître.

— Non — me répondit-il.

Sur Rousseau, que je dus certainement
nommer, je n'ai souvenir d'aucun jugement
tombé de sa bouche.

Au XIXe siècle, il ne reconnaissait qu'un seul classique : lui-même.

— Il n'y a qu'un classique dans ce siècle, un seul, entendez-vous bien ? C'est moi. Je suis l'homme de nos jours qui sait le mieux le français. Après moi, viennent Sainte-Beuve et Mérimée.

Victor Hugo reconnaissait donc un certain mérite à ce Mérimée, qu'il a si malmené dans ses écrits : la science de la langue et même quelque talent.

— Mais, — ajoutait-il, — c'est un écrivain de courte haleine, un *phtisique*, un de ceux pour lesquels l'adjectif : « sobre » a été fait. Bel éloge à faire d'un auteur, vraiment ! *Sobriété* veut dire mauvais estomac. La continence n'est pas une grande vertu non plus, quand on est continent comme Origène. Barthélemy Saint-Hilaire, traducteur de *l'Iliade*, ne s'est-il pas avisé de louer la sobriété d'Homère ? Penser, grand Dieu ! que le père de la poésie antique et moderne est tombé entre les mains de pareils imbéciles ! Tout ce qu’on peut dire de plus bête en littérature, c’est au sujet d’Homère qu’on l’a dit. Un nommé Jules Vallès a écrit cette phrase à propos des *Travailleurs de la Mer* : « Qu’est-ce qu’Homère ? un cliché. Que M. Victor Hugo y prenne garde ! s’il continue, ses ouvrages descendront aussi bas que *l’Iliade* et *l’Odyssée...* »

Plusieurs écrivains du xixe siècle furent passés en revue et vivement qualifiés :

— Thiers est un portier écrivain qui a trouvé des portiers lecteurs... Villemain a plus de talent... Trente-cinq membres de l’Académie française ignorent le français, et, dans ce nombre, notre ami M. Guizot, écrivain terne, écrivain gris, écrivain protestant, mais grand orateur, le plus puissant orateur politique du siècle. Je l’ai beaucoup admiré et soutenu autrefois ; il fut un temps où il avait en moi un fidèle allié de sa politique, sous Louis-Philippe...

Cousin est un infâme gueux, et il n'a même pas, quoi qu'on en dise, un réel talent d'écrivain. Édouard Bertin me demandait un jour ce que je pensais de lui. « Je le méprise profondément, répondis-je. — Vous avez raison, reprit Bertin; c'est une âme de laquais... » Nisard a changé de peau plusieurs fois. Je l'ai connu romantique, et c'est moi qui le fis entrer aux *Débats*, d'où Armand Carrel, un homme sans aucune espèce de talent, l'attira au *National*... Vitet aussi était de ceux dont parle l'Évangile : il avait vu la lumière, il l'a abandonnée. Pas mauvais garçon, d'ailleurs... Chateaubriand est plein de choses magnifiques. Il a déployé dans les *Mémoires d'outre-tombe* un immense talent; mais c'était la personnification de l'égoïsme, un homme sans amour de l'humanité, une nature odieuse.

Dans cette sommaire hécatombe des écrivains du siècle, où tous étaient frappés, s'ils

12

ne mouraient pas tous, un seul se dressait en pleine gloire, immortel, invulnérable : Lui !

Victor Hugo (je n'apprends rien à personne) avait un orgueil démesuré ; mais ne l'en blâmons point, car il en convenait, et cet aveu dans sa bouche n'était nullement celui d'une faiblesse : il disait, et je crois qu'il n'avait pas tort de dire :

— On m'accuse d'être orgueilleux. C'est vrai. Mon orgueil fait ma force.

L'apparente humilité des grands hommes, dans la comparaison générale qu'ils font d'eux-mêmes avec leurs pairs, est toujours un mensonge conventionnel, que la seule politesse impose, et dont les natures fières et droites s'affranchissent hardiment. Mais, en ayant raison de s'estimer un très haut prix, les génies peuvent se tromper dans le discernement de leurs mérites propres, et c'est le droit de la critique de ne point les suivre dans tous les considérants sur lesquels ils fondent leurs titres à la couronne.

Victor Hugo, qui très justement s'appelait « un grand classique », se vantait peut-être en disant que son travail essentiel d'écrivain avait consisté à débarrasser la langue de toute superfluité, qu'il était parvenu à donner au français la concision du latin, et qu'il mettait la critique au défi de lui montrer dans tous ses ouvrages un seul mot impropre ou inutile.

Impropre, d'accord; mais inutile? la souveraine règle grecque et latine aussi, la règle classique par excellence, du *Ne quid nimis*, est devenue, avec les années, de plus en plus étrangère au génie de Victor Hugo. Il a résumé en deux articles tout le programme de sa révolution littéraire :

Guerre à la rhétorique et paix à la syntaxe !

nous pouvons le féliciter d'avoir en général très bien rempli le second point; mais pour ce qui est du premier, oserons-nous dire que l'auteur de *l'Ane* se flattait ?

On pourrait s'étonner, faute de réflexion, que je n'aie pas choisi pour sujet de ma première conférence publique à Guernesey Victor Hugo lui-même. Mais la proximité du vivant héros d'une telle étude aurait fort gêné ma critique. Cependant je suis heureux de pouvoir dire, à l'honneur du poète-roi, qu'il m'a toujours laissé, dans mes entretiens avec lui, une liberté assez large. Je croirais volontiers que ce grand esprit rencontrait, pour une fois, sans trop de déplaisir, une certaine résistance à quelques-unes de ses idées, parce que cela le changeait un peu et le divertissait du refrain de Pandore trop répété par son entourage : « Maître, vous avez raison !... »

Ma conférence sur Alfred de Musset contenait deux passages où je faisais allusion à Victor Hugo.

Dans le premier, je louais hautement chez Musset certaines qualités dont je laissais entendre qu'elles n'appartiennent qu'à lui et ne sont point celles de Hugo :

Il y a des poètes plus grands que ce brillant favori de la jeunesse. D'autres, parmi ses compatriotes et ses contemporains, ont une imagination plus riche et plus active, un souffle plus étendu et plus continu, plus viril ou plus pur, une plus grande variété de sujets et de styles. Mais aucun n'est français comme lui. Aucun ne possède comme lui cet ensemble de qualités nationales, qui ne sont point, il est vrai, les plus poétiques, ni, par conséquent, les plus admirables, et que la raison nous défend d'aimer le plus, mais pour lesquelles nous avons un faible secret plus fort que la raison et que les raisonnements. Aucun poète de nos jours ne possède comme Musset le bon goût, le tact et l'esprit, l'art d'être éloquent sans enfler la voix, grave sans rider son front et vieillir son visage, profond sans le dire à l'oreille du lecteur, philosophe sans avoir l'air de le savoir et sans en perdre un éclat de rire. Aucun poète de nos jours ne possède comme Musset l'usage aisé, naturel, et plein d'heureux caprices, d'un instrument toujours harmonieux, le talent de changer de ton à propos et de s'arrêter à temps, l'horreur du remplissage et du galimatias, l'amour de la justesse, de la mesure, de l'élégance et de la raison...

La péroraison — c'est le second de mes deux passages — était toute consacrée à l'illustre exilé de Guernesey. Après avoir salué deux autres grands poètes vivants, Tennyson et Lamartine, j'arrivais, pour conclure, à lui :

Plus heureux que Lamartine, Victor Hugo travaille encore et n'a pas fini son œuvre. Aussi je n'ai garde de hasarder sur lui rien qui ressemble à un jugement. Il est trop près de nous, et vous conviendrez qu'ici surtout il est terriblement près. Mais quoi de plus naturel, à la fin d'une conférence faite à Guernesey sur un poète de notre temps, que de saluer celui qui est la plus grande gloire de la poésie contemporaine, et qui est venu chercher à Guernesey une retraite pour ses travaux littéraires en même temps qu'un abri contre les orages de la politique ? J'ai dit qu'il n'a pas fini son œuvre, et j'espère que longtemps encore on pourra dire qu'il ne l'a pas finie. Mais, s'il m'est permis d'exprimer un second vœu, je voudrais qu'il poursuivît ici l'achèvement d'un de ses grands ouvrages. En 1859, deux ans

après la mort d'Alfred de Musset, Victor Hugo
livrait au monde le commencement d'un livre
extraordinaire, où, quittant les sentiers battus par
ses contemporains et par lui-même de la poésie con-
fidentielle et intime, il déployait un style si large,
une pensée si haute et si impersonnelle, que je me
suis demandé plus d'une fois, en le lisant, si l'auteur
de ces petites épopées ne s'est pas trompé sur sa
véritable vocation, et s'il n'était pas né pour donner
un poème épique à la France. Dans cette île dis-
crète et solitaire que les agitations du monde ne
troublent pas, je voudrais voir ce grand poète mettre
son âme complètement en harmonie avec la paix qui
l'environne, n'accabler ses ennemis littéraires et ses
ennemis politiques que de son indifférence, et, les
regards fixés en arrière sur l'histoire, en avant sur
la postérité, autour de lui sur la nature, sans autre
souci que l'idéal, terminer *la Légende des Siècles*.

Ma conférence ayant été imprimée par les
soins de la *Société guernesiaise*, je la donnai
à Victor Hugo, qui en fut content, car il
m'engagea à la faire connaître à la presse
parisienne et m'offrit même pour cette publicité ses inestimables services. Il me fit en
outre cadeau de sa photographie, rendue pour

moi doublement et triplement précieuse par
cette ligne au dos signée de son grand nom :
« Applaudissement à vos belles et éloquentes
paroles ».

*
* *

Au mois de mars 1868, Victor Hugo perdit un petit-fils, le premier-né de Charles. Ce
deuil resta longtemps très sensible au grand-
père : car, étant allé déjeuner chez lui le 17
avril, je l'en trouvai affligé comme d'une nouvelle récemment reçue. Toute sa conversation
de ce jour-là eut le ton grave et solennel qui
convenait à la circonstance. Il me parla de la
mort avec sublimité, disant qu'elle n'était
qu'une apparence et qu'il n'y croyait pas. Les
choses dont il doutait le moins sont les réalités
invisibles. Je compris très clairement à ses
discours que la doctrine de ses écrits en vers
et en prose sur la migration des âmes, sur
leurs changements successifs de domicile,

n'était pas seulement à ses yeux une idée poétique, mais un article de foi, une certitude du
cœur et de l'esprit, une évidence pour le sens
intime. Il était vraiment persuadé que le
cher enfant mort serait rendu à ses parents
de la même manière réelle et matérielle que
« le Revenant » des *Contemplations*.

Ce n'est pas seulement *Le Revenant* que Victor Hugo me conseilla de relire, c'est *Ce que dit
la Bouche d'Ombre* et le *William Shakespeare*.
Il m'avertit qu'il fallait faire de ce dernier
ouvrage une étude particulièrement attentive,
parce que les choses les plus importantes,
celles qui donnent la clef de la pensée secrète
de l'auteur, se cachent çà et là dans une
ombre plus ou moins obscure et passent
inaperçues ou incomprises à une première
lecture superficielle. Une phrase entre toutes
est capitale et contient l'explication de l'univers. Le lecteur distrait n'y voit que des mots ;
mais ces mots sont *le mot*, la solution de la
grande énigme. Quelle phrase ? Victor Hugo

me promit de me la lire un jour ; pour mon malheur, il a oublié de tenir sa promesse, et voilà pourquoi je reste condamné à clocher misérablement dans la nuit du doute, de l'ignorance et de l'erreur.

La conversation continuant sur ce sujet plein de mystères, le poëte me dit encore :

— Il n'y a pas lontemps, un Anglais m'envoya un livre où il développe sur la grande question de l'âme humaine des idées ingénieuses, mais qu'on ne peut dire originales, puisque son ouvrage est postérieur à mes *Contemplations* et à mon *Shakespeare*. Selon ce lecteur intelligent de mes deux œuvres, les mêmes âmes reparaissent à divers moments de l'histoire du monde dans une suite d'individus, qui, différant les uns des autres par beaucoup de traits particuliers, se ressemblent par leur caractère fondamental et comme par un air de famille :

> *Facies non omnibus una,*
> *Nec diversa tamen, qualem decet esse sororum...*

» Mon philosophe a donné la série probable des migrations de certaines âmes, entre autres, de la mienne. Voici son histoire : j'ai été, moi qui vous parle, Isaïe, Eschyle, Judas Machabée, Juvénal, d'autres poètes encore, plusieurs peintres, et deux rois de Grèce dont j'ai oublié les noms.

Victor Hugo, quoique un peu étonné d'avoir deux fois régné sur la Grèce, me parut en somme satisfait de tous ses avatars et très flatté surtout de l'honneur nouveau qu'un étranger lui faisait d'ajouter aux pacifiques enveloppes corporelles de poètes, de prophètes et de peintres — les seules que sa propre modestie eût jamais osé rêver pour son âme, — la peau du vieux lion qui vainquit Antiochus.

Comme complément de cette conversation tenue dans l'ombre auguste du « fauteuil des ancêtres », il faut bien que je raconte une fois de plus, si je veux rassembler ici tous mes souvenirs sans aucune omission, un entretien en plein air que j'eus un jour avec Victor Hugo rencontré dans la campagne de Guernesey, sans que je puisse retrouver dans ma mémoire ou dans mes notes le cadre ni la date de cette causerie singulière.

Un après-midi donc, je rencontrai Victor Hugo se promenant pensif dans la campagne selon son habitude. Il me dit à brûle-pourpoint, dès que je l'eus abordé :

— Je ne reviens pas de la stupéfaction où m'a plongé une découverte que j'ai faite ce matin... Figurez-vous que j'ai trouvé dans Juvénal la traduction d'un de mes vers, et d'un vers inédit encore !

Je demandai quelques explications sur un phénomène si bizarre.

— Il y a — reprit-il — tout un volume de *Châtiments* qui n'a pas encore vu le jour; plus tard, vous y lirez ceci :

Personne ne connaît sa maison mieux que moi
Le Champ de Mars.

» Eh bien ! j'ouvre aujourd'hui par hasard mon Juvénal, et qu'est-ce que j'y trouve ?

Nulli nota magis domus est sua quam mihi lucus Martis.

» C'est la traduction exacte, en latin, de mon vers français.

— Mais — objectai-je respectueusement — votre vers ne serait-il pas plutôt la traduction exacte, en français, du vers latin de Juvénal ?

— Non pas ! — répliqua-t-il avec énergie, — car c'est la première fois que je le rencontrais. Je n'ai pas lu absolument toutes les satires de Juvénal. Il y en a que je sais presque par cœur, à force de les avoir lues et relues ; mais il y en a quelques-unes aussi que je ne connais pas, et celle-ci était du nombre. Puisqu'il faut, de toute nécessité, que l'un de nous deux ait volé l'autre, je soutiens que c'est Juvénal qui est le voleur (1).

---

(1) Comme je l'ai déjà remarqué dans *Victor Hugo et la grande poésie satirique en France,* il est fâcheux pour le paradoxe du

*
* *

Le 5 mai 1868, la salle à manger de Haute-ville House retentit de paroles plus sérieuses et plus mémorables. Il n'y eut, pour les entendre, que madame Chenay et moi. Je ne compte point Kesler, mal disposé au rôle d'auditeur des éloquents et poétiques discours que Victor Hugo tint ce jour-là, par son matérialisme vulgaire, par des froissements personnels qui lui faisaient affecter à l'égard de son grand ami une réserve glaciale, sourde menace de rupture, et par un mal d'oreille qui l'exaspérait et le mit en fuite au milieu du déjeuner.

---

poète que le vers de Juvénal se trouve au commencement de sa première satire, une des plus connues. Mais qu'est-ce que ce volume de *Châtiments* « qui n'a pas encore vu le jour » ? *Les Années funestes ?* Je ne sais, et j'ignore dans quelle œuvre de Victor Hugo, posthume ou par lui publiée, se trouve :

> Personne ne connaît sa maison mieux que moi
> Le Champ de Mars.

Lit-on ces lignes dans quelque manuscrit inutilisé ? M. Paul Meurice pourrait nous le dire.

« Garnier m'a magnétisé sans résultat. »

Victor Hugo loua d'abord le courage dont Théophile Gautier avait fait preuve en le nommant avec de grands éloges dans son rapport à l'empereur sur le progrès des lettres.

— Car mon ami Gautier n'ignore pas que je suis l'homme du monde que Napoléon dernier aime le moins...

D'une manière générale, à propos des vieilles et des nouvelles réputations mentionnées dans ce célèbre rapport, Hugo remarqua que la gloire littéraire est comparable à une plantation ou à une bâtisse : il faut qu'elle ait de solides racines ou de profondes fondations.

— Les ouvrages que vous écrivez aujourd'hui et qui sont ignorés, qui peuvent rester obscurs longtemps, peut-être jusqu'à la fin de votre vie, seront les titres de votre gloire à venir... Vous souffrez bien, Kesler ?

— Comme un damné. Garnier m'a magnétisé sans résultat. Insuccès prévu et prédit. Les passes magnétiques sont une blague.

— Il se peut que Garnier, bon photographe, soit un mauvais magnétiseur ; mais vous avez tort de nier l'efficacité du magnétisme. Ce n'est pas une blague. C'est un fait, un fait acquis à la science, et scientifiquement étudié. Mon fils François, étant enfant, avait des insomnies. On avait employé inutilement tous les moyens pour le faire dormir, et l'état du malade devenait si grave qu'un jour on le crut perdu. J'essayai des passes magnétiques. Il dormit quinze heures sans se réveiller. Ce sommeil fut si réparateur et si bienfaisant, que le médecin, émerveillé, n'eut plus qu'à constater la guérison sans y rien comprendre. Et l'enfant me disait : « O père ! continue ! encore ! encore ! ça me fait tant de bien !... » Voici une expérience que j'ai faite plusieurs fois avec un succès complet : on suspend à un fil qu'on tient à la main une bague au-dessus d'un baquet d'eau. Le poignet est fortement appuyé sur une table, pour que la main ne remue pas. On ordonne à la bague de tourner dans un sens d'abord, puis dans l'autre, de frapper les parois du baquet, et on dirige de toute son énergie sa volonté dans ce sens : la bague exécute tous les mouvements... Les tables tournantes sont une réalité. De quel droit la science nierait-elle *à priori* les faits dont l'explication lui échappe ?

Victor Hugo, comme tous les poètes, ou plutôt comme tous les hommes qui ne sont pas de plats philistins, avait le sentiment profond de la solidarité universelle et mystérieuse des choses. Mais, à la différence de beaucoup de poètes, et contrairement à ce que supposent peut-être quelques-unes de ses rêveuses admiratrices, il n'aimait point le vague et ne se plaisait guère dans les nuages. Son viril esprit, avide de clarté, avait besoin de conclure et de transformer en idées ou en phénomènes saisissables les songes de l'imagination et les impressions de la sensibilité.

Les voix désespérées des flots venant vers nous le soir et se racontant des histoires lugubres, la plainte du ramier au fond des bois, les chiens qui hurlent à la lune, « les moutons sinistres de la mer », la joie colossale des vents qui jouent, « l'osier des berceaux vagissants », l'expression haineuse et féroce de l'œil de la vipère, les têtes de veau, de brebis, de carpe, d'autruche, de félin, de dogue ou de loup, qui bestialisent tant de bipèdes humains, n'étaient pas pour lui des faits insignifiants ou des analogies superficielles ; mais ces choses et tous les autres phénomènes naturels recélaient à ses yeux les rapports secrets que déjà, dans une très haute antiquité, sous le nom de *magie*, la science occulte des Perses avait cherché à découvrir en faisant voir la solidarité de la nature avec la société humaine et en demandant à la connaissance du monde matériel des règles pour la conduite du monde moral et politique.

Le grand poète qu'était le philosophe Bacon fut hanté toute sa vie par cette idée superstitieuse ; il l'expose notamment dans son étrange et amusant traité *de la Sagesse des Anciens*, que j'étudiais curieusement alors pour ma thèse latine, et que les conversations de Victor Hugo me rendirent encore plus intéressant. C'est à ces mystères aussi que songeait spécialement Shakespeare lorsqu'il faisait dire à Hamlet : « Il y a plus de choses au ciel et sur la terre, Horatio, qu'il n'en est rêvé dans votre philosophie. » Et Victor Hugo, à son tour, en considérant comme réels, et non pas seulement comme imaginaires, les invisibles fils qui lient nos âmes aux choses, a fini par formuler avec une singulière précision la doctrine philosophique de la *Bouche d'Ombre* : « Tout est plein d'âmes... Les arbres sont des religieux... Le sang coule aux veines des marbres... Ce mulet fut sultan. »

— Il m'arrive quelquefois — dit, en suivant la pente de sa rêverie, ce grand sensitif et ce grand voyant — de m'éveiller au milieu de

la nuit, en proie à une vive angoisse ; il me
semble entendre le gémissement d'une âme
qui souffre, et ce gémissement me poursuit
jusqu'à ce que, par une ardente prière, j'aie
obtenu de Dieu qu'il le fasse cesser.

Nous savons tous par cœur les vers admirables où Musset accorde, « si l'on veut »,
le nom de « grand homme », mais refuse le
nom de « poète » à celui qui ne sait pas

> durant les nuits brûlantes
> Qui font pâlir d'amour l'étoile de Vénus,
> Se lever en sursaut, sans raison, les pieds **nus**,
> Marcher, prier, pleurer des larmes ruisselantes,
> Et devant l'infini joindre des mains tremblantes,
> Le cœur plein de pitié pour des maux inconnus !

On croit que ces vers sont un blâme de
la prétendue impassibilité d'Olympio. C'est
très probable. Aussi est-il bien intéressant
d'entendre Olympio parler des accès subits
de sympathie pour la souffrance humaine qui
venaient la nuit troubler son repos, et cela
avec autant d'émotion et d'évidente sincérité

qu'il y en a dans les beaux vers, si pathétiques et si passionnés, d'Alfred de Musset.

L'auteur des *Châtiments* a écrit que les champs et les prés, le lac, la fleur, la plaine, les nuages, l'océan, les forêts, le phare et l'étoile « le connaissaient ». Les bêtes aussi le connaissaient et lui rendaient le fraternel amour qu'il avait pour elles. Preuve en soit l'anecdote suivante, que le sujet en question, la solidarité mystérieuse de toutes les parties de l'univers, amena sur le tapis.

— Un jour, entouré de ma famille, je faisais une lecture à haute voix dans un champ, à Jersey. Une vache paissait dans un champ voisin, à une petite distance de notre groupe. Dès que j'eus commencé à lire, la vache s'approcha, et, allongeant le cou, posa sa tête sur une barrière en bois qui séparait les deux champs. Elle écouta, jusqu'à ce que j'eusse fini ; alors elle s'éloigna. Une demi-heure après, je repris ma lecture : la vache revint à la même place et écouta

dans la même position. Après avoir lu environ dix minutes, je passai, pour reprendre
haleine, le livre à Kesler... Tiens! il n'est
plus là. Pauvre diable! son oreille lui faisait
trop mal... La vache tourna le dos et s'en
alla paître.

Victor Hugo dit encore que le miracle
était dans la nature, que les merveilles inex-
pliquées, mais réelles, de l'univers étaient
plus merveilleuses que toutes les fictions de
la poésie, et qu'il y avait plus de matière
épique dans les *Travailleurs de la Mer* que
dans la *Jérusalem délivrée* et le *Roland furieux*, — sans même mentionner la *Henriade*,
qui, sans doute, ne valait pas l'honneur
d'être nommée. — Il affirma l'existence du
grand serpent de mer, ou du moins sa pos-
sibilité naturelle et logique :

— Qu'y a-t-il d'absurde à croire qu'un tel
monstre vit dans les profondeurs de l'abîme
et surgit de temps en temps à la surface, où
des navigateurs dignes de foi attestent qu'ils

l'ont aperçu ? N'a-t-on pas nié aussi l'existence des pieuvres gigantesques ?... Les *Travailleurs de la Mer* sont une épopée vraie. La poésie n'a plus le droit d'inventer des prodiges, puisque les prodiges existent réellement... Ma *Fin de Satan* sera à la fois un drame, avec des personnages, avec une action, et réalisera l'idée qu'on se fait communément du poème épique... Mon poème sur *Dieu* commencera par une ligne de points et finira par une ligne de points, parce que Dieu n'a ni commencement ni fin. Il existe de toute éternité. Il est la seule réalité vraiment substantielle. Il est le Créateur toujours en acte et la bonne Providence que l'homme prie pour son bien : double vérité, que n'a point vue ce pauvre athée aveugle, Proudhon.

L'excellente et pieuse Mme Chenay, tantôt édifiée, tantôt un peu effarouchée par la métaphysique de son beau-frère, opposa à ses doctrines philosophiques sur Dieu les enseignements du catholicisme, qu'elle préférait.

Victor Hugo reprocha doucement à « sa bonne Julie » de ne pas faire pour sa conversion plus de prosélytisme. Elle répondit qu'elle se contentait de prier Dieu pour son bonheur et pour son salut.

— La prière n'est jamais perdue, — dit gravement le grand vieillard, en la remerciant.

Le déjeuner était fini. Victor Hugo tourna sa chaise vers la cheminée, où mourait un de ces feux de petit bois comme on en allume encore dans les froides matinées de mai, mit ses pieds sur les chenets, m'invita à faire comme lui, et, pendant que sa belle-sœur vaquait silencieusement aux soins du ménage, il me dit :

— J'ai été grondé hier soir pour être descendu dîner quelques minutes en retard. Voici ce qui m'avait retenu :

» A six heures et demie, j'aperçus par terre, dans le belvédère où je travaille, ce que j'y revois chaque année au printemps, et cela me fait toujours de la peine : des abeilles mortes. Les pauvres bestioles entrent chez moi à midi, quand on ouvre ; les fenêtres fermées, elles restent prisonnières. Ne voyant pas l'obstacle transparent qui s'oppose à leur issue, elles se précipitent, pour sortir, contre les vitres de ma serre, de tous les côtés, au sud, au nord, à l'est, à l'ouest, jusqu'à ce que, le soir, épuisées de fatigue, elles tombent et meurent.

» Mais hier, avec les abeilles, il y avait un gros bourdon, plus vigoureux que les abeilles, qui n'était pas mort, le gaillard, mais encore très vivant, ma foi ! et qui s'élançait de toutes ses forces contre les carreaux, comme un grand bêta qu'il était.

» — Toi, l'ami, — dis-je,— tu as beau avoir la vie un peu plus dure, si je ne viens pas à ton secours, mon bon, ton affaire est faite aussi ; avant la nuit tu seras mort, et quand je remonterai ce soir, si je cherche avec ma lampe ce que tu es devenu, je trouverai ton petit cadavre par terre, à côté de ceux des abeilles. Allons ! comme l'empereur Titus, je veux signaler ma journée par un bienfait : sauvons la vie à cet insecte ; un bourdon vaut peut-être un homme aux yeux de Dieu, et vaut mieux sans doute qu'un prince.

» J'ouvris un carreau, et avec une serviette je chassai l'animal dans cette direction ; mais il fuyait toujours du côté opposé. Alors j'essayai de le prendre en jetant la serviette sur lui. Quand le bourdon sentit que je voulais le prendre, il perdit la tête complètement ; il bondissait en fureur contre les vitres, comme s'il eût voulu les briser, reprenait son élan, bondissait encore, parcourait en tous sens le belvédère entier, éperdu, désespéré, fou...

» — Ah ! tu veux me prendre ! ah ! tu veux me ravir ma liberté ! tyran ! despote ! affreux bourreau ! ne me laisseras-tu pas tranquille, à la fin ? Je suis heureux, pourquoi me persécutes-tu ?

» Après d'assez longs efforts, je parvins à le faire tomber, et, en le saisissant à travers la serviette, je lui fis involontairement quelque mal... Oh ! comme il aurait voulu se venger ! Il dardait son aiguillon ; son petit corps nerveux, contracté sous mes doigts, ramassait pour me piquer tout ce qui lui restait de vigueur. Mais moi, sans m'inquiéter de sa rage et de ses protestations, j'étendis mon bras hors du carreau, secouai la serviette : le bourdon, un instant étourdi, étonné, prit son vol et s'élança dans l'infini.

» Eh bien, — concluait le poète, — j'ai sauvé ce bourdon, j'ai été *sa providence*. Mais (c'est la morale de ma fable), bourdons stupides que nous sommes tous, ne nous conduisons-nous pas de la même manière envers la providence de Dieu ? Nous avons nos petits projets absurdes, nos vues étroites et courtes, nos désirs emportés dont l'accomplissement n'est pas possible ou nous perdrait sûrement ; n'y voyant pas plus loin que notre nez, les yeux fixés sur ce but prochain, nous marchons en avant avec un entêtement aveugle, nous courons comme des fous et comme pris de vertige ; nous voulons réussir, triompher, disons-nous, c'est-à-dire aller nous casser la tête contre un obstacle que nous ne voyons point.

» Et quand Dieu, qui voit tout et qui veut nous sauver, contrarie nos desseins, nous nous mettons à bourdonner, nous aussi, nous murmurons sottement, nous accusons sa providence ; nous ne comprenons pas d'abord que, s'il nous persécute, bouleverse tous nos plans et nous fait tant souffrir, c'est pour nous délivrer, c'est pour nous ouvrir l'infini. Nous lui opposons notre sagesse, notre bêtise, notre petite philosophie et notre proudhonisme... O Proudhon ! — bourdon !

Ce bel apologue du bourdon, qu'on ne me pardonnerait pas d'omettre à cette place sous prétexte qu'il dort, depuis 1872, dans mes *Causeries parisiennes*, — d'où il a passé dans je ne sais quel recueil suisse de morceaux choisis de prose française, — a eu l'honneur de reparaître sous une forme nouvelle, quatorze ans après la mort du poète, dans *le Phare de Normandie*, revue spirite publiée à Rouen, qui, le 1er juin 1899, en donna une traduction versifiée due à l'obligeance de l'Esprit de Victor Hugo. Mais depuis que ce grand génie est affranchi des lois de la pesanteur, sa poésie ne semble pas avoir fait les progrès séraphiques qu'on aurait attendus : car les vers qu'il nous a envoyés du ciel, il y a cinq ans, ne valent pas le diable.

* **

Dix jours plus tard, le 15 mai, Racine fit les frais de la conversation. Le pauvre poète, si sensible à la critique, fut traité avec une rigueur qu'aucun censeur littéraire ne lui avait infligée depuis l'époque de ses vivants et cruels ennemis.

— Vous êtes — me dit Victor Hugo parlant à ma personne — un exemple de la difficulté incroyable que la vérité trouve à se faire jour. Vous n'êtes pas un esprit bouché (je m'inclinai), ni borné (je fis un nouveau plongeon); mais combien peu d'hommes aujourd'hui, même parmi ceux qui pensent librement et qui sont ouverts à la lumière, sont assez éclairés pour voir ou assez indépendants de l'opinion publique et traditionnelle pour oser dire que Racine est un écrivain extrêmement surfait ! Paul de Saint-Victor, Émile Deschanel, Théophile Gautier (1), (ce ne sont pas des cuistres de

______

(1) Victor Hugo se trompait sur Gautier. Nous savons par Flaubert, par les frères Goncourt, par Maxime du Camp, que Théophile Gautier ne trouvait dans tout Racine qu'un seul vers admirable :

La fille de Minos et de Pasiphaé.....

et qu'il estimait, au reste, que ce poète « écrivait en vers *comme un porc* », — image et jugement d'une justesse contestable à deux ou trois points de vue.

collège que je vous nomme là), bien d'autres critiques très distingués en sont au même point et pensent, comme vous, que Racine est un grand écrivain et un grand artiste. Ce préjugé a de si anciennes et si puissantes racines qu'il est devenu très difficile que la vérité en ait raison. Vous ne parviendrez à reconnaître votre erreur qu'à force de réflexion, par une étude attentive et consciencieuse... Nous n'avons pas eu beaucoup de peine à faire justice des tragédies de Voltaire. Pourquoi cette résistance quand il s'agit de Racine ? Sans doute il faut faire la part de ce qu'il peut avoir de bon, et je conviens que tout n'est pas mauvais dans ses ouvrages. Je vous ai concédé, l'autre jour, l'excellence de son style épistolaire ; j'ajouterai qu'il y a dans son théâtre des choses assez bien faites, un certain talent de composition, une psychologie générale de la passion de l'amour, qui n'est pas sans valeur : c'est un auteur estimable du second ou du troisième ordre. Mais je suis vraiment révolté de l'erreur monstrueuse que le goût français a commise en le plaçant au premier rang comme écrivain. Les incorrections sont si nombreuses dans sa langue poétique que si nous lisions ensemble une de ses tragédies, n'importe laquelle, nous ne finirions pas de les compter. Il y a trois ou quatre fautes de français dans le seul discours d'Agrippine ; mais elles ne sont pas choquantes; elles se dissimulent habilement dans la trompeuse harmonie des vers... Tenez ! voici un autre discours qui passe pour très beau. Dans *Phèdre*, Hippolyte dit à Aricie :

> Moi-même, pour tout fruit de mes soins super-
> [flus,
> Maintenant je me cherche et ne me trouve plus...

» Que diable ce galimatias veut-il dire ?

> Mon arc, mes javelots, mon char, tout m'impor-
> [tune...

» Oh ! ce grand nigaud d'Hippolyte importuné par son char ! Non ! est-ce assez burlesque ?... Oubliez donc enfin les leçons de vos maîtres de rhétorique ; ouvrez les yeux et voyez par vous-même ; ouvrez votre intelligence, comparez et jugez. L'Hippolyte de Pradon dit la même chose, mais il la dit en français :

> Depuis que je vous vois, je n'aime plus la chasse,
> Et si j'y vais, ce n'est que pour penser à vous.

» De quel côté est la nature, la simplicité, la sensibilité vraie et la grâce ? Et ce sont les vers de Pradon que Voltaire trouve ridicules, et toute la critique après lui ! Il faut donner à la roue de l'opinion un tour complet, mettre Pradon en haut et Racine en bas, et dire au goût français : « Adore ce que tu as brûlé, brûle ce que tu as adoré... »

S'il n'est pas impossible de convaincre d'erreur quelques-unes des critiques particulières adressées à Racine par Victor Hugo, j'estime que l'entreprise serait oiseuse et puérile de réfuter le jugement général porté par le grand poète du xixᵉ siècle sur celui du siècle de Louis XIV. En vérité, j'aimerais presque mieux renchérir sur son paradoxe que le combattre : on s'amuserait davantage, et ce jeu ne serait pas plus vain qu'un naïf travail d'apologie. Mais, sans aller aussi loin, nous pouvons très sérieusement accorder à Victor Hugo qu'il a souvent raison et qu'il fait de l'excellent ouvrage en portant une main hardie sur nos convictions traditionnelles. Rien ne saurait être plus utile que ces violentes secousses qu'un grand esprit ose donner à des préjugés séculaires. De deux choses l'une : ou nous les rejetons, ou nous les conservons; dans l'un et l'autre cas, nous les avons mis à l'épreuve.

Après avoir ainsi traité Racine, Victor Hugo refit sur Shakespeare la même réserve qui m'avait déjà surpris et frappé dans le premier entretien que j'eus avec lui. Il m'avoua qu'il apercevait dans Shakespeare des taches;

mais, semblable aux pieux enfants de Noé qui jetaient un manteau respectueux sur la nudité de leur père, il aimait mieux ne pas en parler. Exemples de taches dans Shakespare : toute la fin d'*Hamlet*, et particulièrement l'échange des fleurets.

— D'ailleurs, je suis un fanatique. Je ne suis pas de ceux qui disent : *Quandoque bonus dormitat Homerus...* J'admire tout dans Homère, dans Shakespeare et dans la Bible.

*
* *

J'avais à Paris un joyeux correspondant qui, un jour, complota avec l'Esprit malin de se payer (si cette locution irrévérencieuse est permise) la tête de Victor Hugo, et la mienne par-dessus le marché. L'idée diabolique de la mystification qu'il imagina lui était venue en entendant un bon bourgeois de Nîmes raconter dans un salon parisien qu'une baisse considérable du Rhône avait mis à nu,

dans le lit du fleuve, un rocher sur lequel la
main d'un promeneur récent s'était amusée
à charbonner cette ligne :

Malheur à la génération qui me verra!

Mon correspondant commença par vieillir
de douze siècles cette inscription, trop pro-
saïquement française et moderne ; il la tra-
duisit en deux vers latins gigantesques et for-
midables. Puis il inventa et m'écrivit l'histo-
riette suivante :

Dans le département du Gard il n'est pas **tombé**
une goutte d'eau depuis un an. Les torrents sont
desséchés. Le Rhône a baissé effroyablement. **En**
vain la population s'est réunie dans les temples
pour demander miséricorde. Les cieux fermés par
Dieu sont devenus d'airain ! Il y a quelques **jours,**
un pêcheur, en se réveillant, aperçut au milieu **du**
Rhône un rocher monstrueux qu'on n'avait jamais
vu, et qui se dressait, menaçant et horrible, au-dessus du fleuve. Il sauta dans sa barque et aborda le
monstre. Stupeur ! Il y avait quelque chose d'écrit en
langue barbare. Il alla trouver les autorités munici-
pales, déclarant qu'il avait découvert une inscription
païenne du temps de Charlemagne. Le maire et les

adjoints, avec les pompiers de l'endroit, se transpor-
tèrent sur les bords du fleuve ; on gagna le rocher,
et un monsieur, qui, comme les apôtres, parlait toutes les langues, lut et expliqua ce qui suit :

*Quæ nudum Rhodani dorsum fatale videbunt
Sæcla, ibunt tenebrosa sese involventia nocte.*

On fit immédiatement détruire l'inscription,
comme excitant à la haine et au mépris du gouver-
nement.

Le facétieux conteur me conseillait d'aller
raconter cette histoire « au père Hugo », assurant qu'elle l'intéresserait au plus haut degré ;
et, prêtant d'avance à l'oracle des paroles
d'une sublimité mystérieuse, il terminait sa
petite « fumisterie » par ce commentaire apo-
calyptique presque entièrement composé de
phrases empruntées au *William Shakespeare* :

Le prophète dira : Rocher foudre ! Il y a de
l'infini dans ce rocher ! Pensée à laquelle le rugisse-
ment convient ! Des cuistres objecteront que le
second vers manque de césure. Vers plein d'ombre !
Maintenant, écoutez. Ce rocher fait au monde une
annonce. Laquelle ? La nuit. Le binome est inclus

dans ce rocher. Il atteint l'absolu, et cela ne se dépasse pas. L'œil n'a qu'une quantité d'éblouissement possible. Cette pensée a en elle l'incommensurable et l'innombrable. Elle ne peut être domptée par aucune concurrence. Elle est aussi pure, aussi complète, aussi sidérale, aussi divine en pleine barbarie qu'en pleine civilisation. Il y a de l'infini, dis-je, dans ce rocher, mais de l'infini latent. C'est le grand. C'est une exsudation de lumière, une explosion de sagesse et de virginité amoncelées. Car cette roche est vierge. Ceci demande une explication : *La garde meurt et ne se rend pas !*

Il y avait bien, dans cette lettre, quelques petites choses qui m'avertissaient de me méfier, et je connus que mon correspondant s'égayait en des broderies joyeuses. Cependant, je crus pouvoir accepter comme vrai le fond même de l'histoire, et j'avais trop oublié les leçons de mes chers maîtres de Sainte-Barbe, Paul Mesnard et Eugène Despois, quand je préparais ma licence, pour mettre en suspicion la prosodie et la latinité du prodigieux distique. Je glissai donc la lettre dans ma poche et j'allai déjeuner à Hauteville House.

« Victor Hugo était nerveux... »

C'était un dimanche, le 21 juin. Je sentis, dès mon entrée, qu'il y avait de l'orage dans l'air. Victor Hugo était nerveux. Mme Chenay sortait à chaque minute, visiblement soucieuse et préoccupée. Kesler avait une colère blanche : — c'était la couleur de toutes ses colères, à la différence de celles de Victor Hugo, qui étaient rouges. — Il me dit tout bas que le maître devenait « personnel » à un point qui ne se pouvait plus supporter, qu'il en avait assez, et que cela finirait mal.

J'appris bientôt la cause de toute cette grande agitation. Un prestidigitateur anglais, le docteur Lynn, était invité à déjeuner et devait, dans l'après-midi, donner à Hauteville House une séance d'escamotage et de magie.

La séance devait d'abord avoir lieu dans le salon rouge et le salon bleu du premier étage, l'opérateur ayant la serre du rez-de-chaussée pour faire ses préparatifs. Tout étant ainsi convenu, Kesler avait cru pouvoir annoncer cette partie du programme au photographe Garnier, à toute la compagnie en général, et d'abord au docteur Lynn lui-même, acteur unique et principal intéressé. Mais la veille, à dîner, chez Mme Drouet, Victor Hugo avait déclaré tout à coup qu'il refusait de prêter le salon rouge et le salon bleu et de livrer la serre à la cuisine du magicien. Stupeur et protestation du factotum Kesler : « L'ordre et la marche du spectacle sont arrêtés. Toutes les dispositions sont prises. Que craint-on ? Les préparations chimiques ? Il n'y en aura pas. Le déplacement des meubles, des statues ?... » Victor Hugo répondit qu'il n'avait pas à donner de raisons, qu'il était le maître et prétendait n'être pas gouverné. « Et moi, — cria Kesler en fureur, — moi, qui ne veux gouverner personne, je prétends aussi n'être pas gouverné ! » De blessantes personnalités furent échangées. En vain Mme Drouet s'efforça de calmer « les

Kesler.

courages émus ». Victor Hugo et Kesler sortirent l'un après l'autre en fermant violemment la porte.

Quand ces incidents me furent racontés, je m'expliquai une chose que, la veille, j'avais contemplée de ma fenêtre avec étonnement : Victor Hugo, sans chapeau, passant comme la foudre dans la rue, à huit heures du soir, et se dirigeant vers la campagne, d'une allure qui ne lui était pas habituelle ; il ne marchait pas, il courait ; il faisait les gestes d'un homme qui a un vif besoin de grand air et s'évente pour se rafraîchir le sang.

Le lendemain, dimanche, moyennant quelques concessions réciproques, les choses s'arrangèrent tant bien que mal ; mais le maître avait fait prévaloir son refus de prêter les salons du premier étage, et la séance fut organisée dans une salle du rez-de-chaussée, dans la serre et dans le jardin.

On se mit à table. Les convives du déjeuner étaient, outre Kesler et moi, le docteur

Lynn, Garnier, enfin M. et Mme Marquand, qu'on ne pouvait pas toujours éviter d'avoir avec Kesler, — dont les dispositions à leur égard étaient celles d'un chien de garde pour le chat de la voisine.

La conversation fut languissante. Le seigneur du logis restait, contre son habitude, assez silencieux. J'en profitai pour risquer mon anecdote du rocher du Rhône, — que je réduisis à l'essentiel, omettant Charlemagne, le conseil municipal et les pompiers, mais citant avec un sérieux très convaincu l'inscription latine. Victor Hugo en parut extrêmement frappé. Il me fit réciter trois fois de suite les douteux hexamètres, sans s'apercevoir que le second avait six pieds et demi ; puis il dit, pensif :

— De tels vers sont impossibles à Virgile.

Et, après une nouvelle méditation d'une demi-minute, il reprit :

— Voici comment on pourrait les traduire :

Les siècles qui verront, Rhône, ta croupe
[affreuse,
Iront s'enveloppant dans la nuit ténébreuse.

— Alors, vous traduisez *fatale* par « affreuse » ? — dit Kesler, grincheux.

— Ah! voilà bien le grand critique Kesler!... Traduisez-les donc vous-même, mon cher... Sans doute, « dos fatal » serait plus exact; mais que voulez-vous ? on fait comme on peut... Un de mes amusements favoris, c'est de traduire des vers latins en vers français. Mais je veux que la traduction soit rapide (qu'elle ne me prenne pas trop de temps) et qu'elle soit exacte. Il y a, sur une tapisserie des Gobelins que j'ai là-haut, ces deux vers :

Juppiter aurati pacasset jurgia pomi :
Qui litem sedet sed Paris eligitur.

» François me demandait, un jour, comment je les traduirais. Je répondis sur-le-champ :

Jupiter de la pomme eût apaisé la guerre ;
Mais Pâris est choisi pour décider l'affaire.

» Un poète du xvie siècle a dit :

Qui linguam frenare potest sensusque domare,
Fortior est illo frangit qui viribus urbes.

» Je traduis :

Qui peut dompter sa langue et ses passions viles
Est plus fort que celui qui prend d'assaut des
villes.

On en vint à parler ensuite de l'enseignement donné par l'Église. Marquand voulait
qu'on retirât au clergé l'instruction de la jeunesse. Mais Victor Hugo se déclara pour la
liberté. Kesler, ennemi féroce des curés et
de la religion, dut faire semblant de partager
l'avis du poète, afin de n'être pas du parti de
Marquand.

Après le déjeuner, nous passâmes au jardin,
où nous attendîmes les invités. On se rappelle que c'était un dimanche et que la so-

ciété anglaise est d'une intransigeance rigou-
reuse sur l'observation du troisième comman-
dement. Aussi n'était-elle pas en nombre. Je
vis cependant quelques personnes de l'aristocratie, notamment trois jeunes filles et une
dame de mon cours de littérature, avec lesquelles je fis plusieurs fois le tour du jardin.
Les directeurs des deux journaux de l'île
s'étaient excusés, l'un en termes polis et même
spirituels, l'autre avec une grossière franchise,
qu'il prenait probablement pour du courage,
et en faisant à Victor Hugo un sermon sur la
sainteté offensée du repos dominical.

Trois coups de tam-tam annoncent que le
docteur Lynn est prêt : on prend place.

Après les tours connus du bocal rempli
d'eau et de poissons rouges sortant des bas-
ques d'un mince habit noir aussi plat qu'une
feuille de papier; du pigeon qui s'envole du
goulot d'une bouteille et se change en pot de
fleurs, vinrent d'autres surprises plus nou-

velles. De petits papiers sur lesquels nous avions écrit des chiffres furent recueillis et placés dans la main de Victor Hugo, où l'addition de tous les nombres se fit d'elle-même. Sur d'autres petits papiers nous écrivîmes n'importe quoi ; puis, nous les pliâmes en huit, en douze, en seize : d'un bout à l'autre de la pièce, le magicien, armé de sa baguette, lut, au travers de cette épaisse enveloppe et à cette distance, tout ce que nous avions écrit. J'avais griffonné, pour ma part, les deux vers nouvellement éclos du génie de notre hôte, s'exerçant sur une relique sacrée contemporaine de Roland :

> Les siècles qui verront, Rhône, ta croupe
> [affreuse,
> Iront s'enveloppant dans la nuit ténébreuse.

Le sorcier les savait comme un texte classique... Enfin, sur d'autres papiers encore, Victor Hugo traça des mots qui, instantanément, se trouvèrent reproduits en lettres de feu sur le bras nu de l'opérateur.

L'auteur des *Contemplations* était grave. La séance finie, il ouvrit sa bouche d'ombre, d'où s'envolèrent des discours sagement prophétiques. Il déclara que les faits qu'on venait de voir appartenaient à un ordre de choses pour lequel nous n'avons pas d'explication.

— Il ne faut pas se servir du mot « surnaturel », vu qu'il est vide de sens, tout dans la nature étant naturel. Mais il y a deux parties dans la nature : l'une, que nous connaissons et expliquons ; l'autre, que nous commençons à connaître et n'expliquons pas encore. C'est ici une nouvelle science qui est en train de se fonder. Malheureusement, nos savants sont aussi intolérants que les catholiques et les inquisiteurs du xve siècle. On n'allume plus de bûchers ; mais on cloue les révélateurs et les initiateurs d'un ordre de choses nouveau à ce pilori : le ridicule.

Victor Hugo, continuant de révéler l'abime

à ses auditeurs frappés de respect, ajouta qu'il avait vu d'autres faits du même genre que ceux dont nous venions d'être témoins, et qu'il les tenait pour absolument inexplicables par toutes les explications connues.

— Les frères Davenport ont fait, à Bruxelles, sous mes yeux, des choses véritablement merveilleuses, qui sont du même ordre... On prétend que Robert-Houdin est capable de faire tout ce que faisaient les frères Davenport. Je le nie : il y a entre les deux catégories de phénomènes la même différence qu'entre la prestidigitation des jongleurs et l'électricité ou le magnétisme.

Le poète manifesta au magicien son admiration dans les termes les plus flatteurs. Même il le récompensa magnifiquement : car, pour payer les frais de l'inestimable séance qu'il avait donnée à Hauteville House, avec la seule monnaie qui fût vraiment princière et digne de ces deux grands prêtres de l'Invisible, il promit d'écrire une lettre à sa gloire.

*
* *

Mes vacances d'été commençaient. J'étais
à la veille de partir pour Paris. Je pris congé
de Victor Hugo pour plusieurs mois. Il me
dit, en souriant, que j'allais m'exposer aux
séductions des Parisiennes, et que ce que je
pouvais faire de plus conforme à la raison et
à la nature, c'était de me laisser aller à leurs
charmes sans résistance, les rosières ayant
toute son estime, mais non pas les « rosiers ».
— Telle fut la paternelle bénédiction d'adieu
dont le sage vieillard munit, comme d'un via-
tique, ma jeunesse voyageuse.

Kesler m'invita à passer chez lui, désirant
me communiquer des détails intimes et des
documents curieux sur ses rapports personnels avec Victor Hugo.

La querelle qui venait d'éclater entre le
maitre et lui et qui était calmée pour le moment, n'était qu'une des crises d'une mésintel-

ligence qui avait des accès fréquents et terribles, mais toujours de courte durée. La
scène la plus violente avait eu lieu à propos
d'un vil agent de la police impériale qui s'était
faufilé dans l'entourage du grand proscrit et
qu'on soupçonna un jour de n'être qu'un
espion. Le soupçon se changea bientôt en
certitude. Mais, avant que l'évidence fût faite,
l'imprudent et innocent Kesler avait pris la
défense du faux frère, et Victor Hugo l'avait
accusé, avec un extrême emportement, d'être
lui-même un traître et un mouchard.

L'injure dite, il la regrettait aussitôt. Kesler
me montra des lettres d'excuse qu'il avait
reçues du grand homme et qui font honneur
en même temps à son bon cœur et à son
esprit : — car avouer qu'on a eu tort, quand
on est en droit de se croire supérieur au
reste de l'humanité, c'est magnanime ; mais
donner à cette confession un tour si ingénieux qu'on ne s'y prendrait pas d'une autre
manière pour maintenir qu'on a eu raison,

c'est malin. — J'ai gardé copie de deux courts billets, qui m'ont paru les modèles du genre :

Mon cher proscrit, je crois avoir raison et il est probable que vous ne croyez pas avoir tort. Ce qui s'est passé entre nous, c'est que je suis très cordialement votre ami, et je tiens à vous le dire le premier.

Kesler, quand il reçut cette lettre, ayant eu des insomnies toute la nuit et des leçons à donner toute la matinée, répondit, par quelques lignes honnêtes, qu'il était trop fatigué pour se présenter personnellement à Hauteville House. Nouveau billet de Victor Hugo. La maison de Kesler était exactement en face de la sienne ; il n'y avait que la rue à traverser. C'est toujours la bonne madame Chenay qui faisait la navette, messagère évangélique de toutes les réconciliations :

J'aurais voulu vous serrer la main, ce matin. Il est

évident que toute ombre entre nous ne peut être
qu'un malentendu. Dormez et portez-vous bien.

P.-S. — Une idée. Si vous veniez dîner aujour-
d'hui, vous savez que vous seriez l'archi-bienvenu.

Malheureusement, c'était un mardi. Victor
Hugo l'avait-il oublié, ou feignait-il de ne s'en
pas souvenir ? Kesler ne dînait jamais chez
Mme Drouet le mardi, parce que c'était le
jour où Marquand était invité de fondation.

Des faits et gestes de Victor Hugo, je ne
garantis que ce que j'ai vu. On croira donc
ce qu'on voudra de ce que j'ai entendu
encore de la bouche de Kesler.

Il m'a dit que l'auteur de *Noces et Festins,*
ayant à satisfaire des appétits gloutons, non
par vulgaire gourmandise, mais parce qu'il
avait un royal estomac, mangeait quelquefois
excessivement, et qu'après ces repas léonins
la moindre contrariété l'échauffait et pouvait
le jeter dans une colère effroyable. Quand
il était dans cet état, Mme Drouet était la
seule personne qui eût le pouvoir de lui

imposer quelque retenue. Sa belle-sœur ne pouvait rien dire pour le raisonner et le calmer sans qu'il la rembarrât avec une brutale rudesse. Kesler ajoutait que ces grandes fureurs étaient récentes et dataient seulement de deux ou trois ans. (Il est singulier alors que je ne m'en sois jamais aperçu.) Il attribuait l'irritabilité du poète à la souffrance rentrée qu'il devait ressentir de l'isolement où le laissait sa famille, ses fils ne mettant plus les pieds à Guernesey...

Ce rapport est vraisemblable, je veux dire conforme à ce qu'on suppose volontiers d'avance quand on sait que Victor Hugo avait un tempérament sanguin et colérique. Mais je n'ai jamais assisté à la moindre scène d'emportement; j'ai pu, dans les limites de la prudence et du tact, contredire un peu le terrible lion sans l'irriter, et je tiens à redire que ce qui m'a le plus frappé, du commencement à la fin de sa fréquentation, c'est l'exquise politesse, la souveraine élégance de ses manières avec les hommes et avec les femmes surtout, — avec toutes les femmes.

Visiblement, il était né pour la vie de famille, pour le bonheur bourgeois du foyer domestique. On n'a pas oublié l'étonnant festin par lequel il fêta l'arrivée de Mme Victor Hugo en janvier 1867, et je ne le vis jamais plus gai, plus content, plus heureux que durant les quelques semaines où il posséda sa femme à Hauteville House.

Je conserve religieusement une lettre que m'écrivit Mme Chenay, le 8 août 1872, en réponse à l'envoi de mes *Causeries parisiennes*. Cette lettre, d'une charmante simplicité, atteste la tendre et fraternelle affection, sans réserve et sans ombre, qu'avait, pour le glorieux mari de sa défunte sœur, l'excellente créature du bon Dieu :

Cher Monsieur, je vous ai trouvé bien sévère pour le pauvre Sénat. Depuis votre départ, il s'est singulièrement amélioré, et c'est toujours mon vieux

Madame Chenay et Sénat.

camarade... Sur le grand homme que vous savez si bien apprécier, il y a quelques critiques que j'aurais mieux aimé ne pas voir. Je vous l'écris en toute sincérité, veuillez excuser ma franchise ; vous savez que *j'aime mon beau-frère sans restrictions.*

Je touche au terme d'une relation, complète cette fois et définitive, que je ne pouvais pas me permettre, il y a un tiers de siècle, avec cette licence de tout dire qu'on finit par laisser aux survivants d'une époque disparue. Il fallait attendre, avec l'ascension triomphale du héros dans une gloire inaccessible à l'impertinence des anecdotes, le néant où sont rentrés les autres personnages, pour que je pusse jouir du seul cadeau que nous fasse la mort en nous rendant libres de rapporter la vérité nue et entière. Kesler, détruit corps et âme, si son matérialisme a gain de cause, ne souffre pas plus aujourd'hui de mes francs propos sur son compte que Victor Hugo immortel.

Le 15 octobre 1868, je repris ma place dans la salle à manger de Hauteville House. Je ne sais plus à quelle occasion Victor Hugo me dit qu'il avait été conçu sur le sommet du Montanvert. Est-ce la fierté de cette haute origine qui lui avait dicté la réponse qu'il venait de faire en Angleterre à deux Anglaises ?

Ces dames, qui ne le connaissaient pas et qui le prenaient pour un monsieur comme un autre, se trouvant avec lui en chemin de fer dans le même wagon, lui dirent en français :

— Cela doit vous mettre mal à votre aise

de ne pas savoir l'anglais, quand vous voyagez en Angleterre.

— Mesdames, — leur répondit Victor Hugo, — quand l'Angleterre voudra causer avec moi, elle apprendra ma langue.

Le poète s'amusait beaucoup de la stupéfaction de ses deux interlocutrices, l'attribuant à l'ignorance où elles étaient de son identité ; il semblait croire que , si elles avaient su le nom de leur grand compagnon de route, elles auraient trouvé sa réponse toute naturelle. Ce n'est pas sûr. Elle est surprenante dans les deux cas, donc comique, si le comique est un effet de surprise ; mais le comique de caractère a toujours passé pour le meilleur.

Victor Hugo, bien qu'ayant vécu dix-huit ans sur terre anglaise, n'a jamais su qu'un seul mot d'anglais : *Christmas* (Noël), qu'il prononçait Christm*us*. Il connaissait pourtant aussi le mot *iron*, puisqu'il a proposé quelque part cette étymologie vraiment neuve :

« *Iron* est un mot anglais qui veut dire *fer*, ne serait-ce point de là que viendrait *ironie* ? » (Le grec, de son propre aveu, était, avec l'anglais, sa partie faible).

En matière d'étymologies, il remarquait judicieusement qu'il est périlleux d'avoir trop d'esprit, et il me citait l'exemple suivant :

— Les anciens imprimeurs retournaient la lettre *a* pour indiquer un a double. Nausicaa s'imprimait Nausicɐ. C'est de cette coutume que le trop ingénieux Charles Nodier dérive le proverbe : « Un bon a (verti) en vaut deux. »

Le **22** décembre, Victor Hugo me dit qu'il savait par cœur six mille vers latins. (Avec l'inscription du vıııᵉ siècle que je lui avais apprise le **21** juin, le total est de six mille deux.) La fabrication des vers latins lui était aussi familière que celle des vers français. A son fils François rentrant du lycée avec trois couronnes, il dit tout naturellement et comme s'il se fût exprimé dans sa langue maternelle :

Incedis triplici devinctus tempora lauro.

En 1815, étant élève de rhétorique, il lisait tous les soirs avant de se coucher et apprenait une trentaine de vers de Virgile ; puis il lisait attentivement trois ou quatre traductions en vers (Delille, Malfilâtre, etc.) et s'imposait, avant de s'endormir, la tâche de traduire le même passage mieux, ou, au moins, aussi bien.

— Cette gymnastique — m'a dit le grand virtuose du vers français — m'a été merveilleusement utile.

Il me dit encore que Plaute était l'égal de Molière et qu'il serait l'égal de Shakespeare s'il avait la grandeur tragique ; moins philosophe que Molière, moins profond, il est plus poète dans son style que lui.

— J'évite de lire Plaute, — ajouta-t-il (et je transcris avec surprise ce propos comme un des plus singuliers qu'il m'ait tenus), j'évite de lire Plaute, parce que, quand j'ai commencé à lire une de ses comédies, je ne peux plus m'en détacher. Voilà toute ma matinée prise. C'est cinq cents francs que je perds. « Vous êtes donc bien intéressé ! » me direz-vous. — Non. Mais j'ai mon ouvrage que je veux finir.

Cela brille et sonne comme une petite médaille de La Bruyère. Mais qui donc se serait attendu à voir en Victor Hugo un si passionné amateur de Plaute ? Où sont dans ses ouvrages les traces de ce commerce et de cette affinité ? Je pose cette question peu banale aux érudits qui ont beaucoup pratiqué l'un et l'autre poète.

— Je suis un grand pédant, — continua le maître, — je n'ai pas de plus vif plaisir que de me trouver avec des pédants et de causer avec eux.

Dans la gracieuse intention de cette phrase personne ne doutera qu'il n'ait enveloppé une épigramme à mon adresse. Le fait est qu'il avait, dans sa conversation avec des lettrés, la forme ordinaire du pédantisme, celle qui consiste à faire activement la chasse aux fautes de langue et de style. Je l'ai nommé, dans un livre, « le grammairien de Hauteville House », et vraiment, à considérer le tour favori de ses entretiens littéraires, cette périphrase le qualifie aussi bien que le qualifiait, au physique, mon autre périphrase homérique et pittoresque : « l'homme à la jambe de prince.... »

C'est le 22 décembre que Racine reçut sa dernière volée de bois vert, et il la reçut comme écrivain. On peut avoir entendu parler de cette cinglante fustigation, ainsi que de plusieurs autres, que j'ai mentionnées à leurs dates ; car mon professeur de latin, M. Paul Mesnard, leur a fait une certaine célébrité en réfutant, dans sa belle étude sur le style de Racine, au tome VIII et dernier de la grande édition Hachette, les leçons littéraires de Victor Hugo recueillies et divulguées par son ancien élève de Sainte-Barbe. Cette fois encore, « le grammairien de Hauteville House » daigna faire la réserve que nous connaissons : comme observateur du cœur de l'homme et surtout de la femme, psychologue de l'amour et compositeur d'ouvrages dramatiques, il honorait Racine d'une estime relative. Mais il me répéta que ce détestable écrivain en vers fourmille de fautes de français et d'images fausses.

— Il n'y a pas une image fausse dans Homère. Il n'y a pas une image fausse dans la Bible.

Timidement, j'osai contester la parfaite et irréprochable justesse de ces comparaisons célèbres du *Cantique des cantiques* :

Tes dents sont comme un troupeau de brebis tondues qui remontent du lavoir et qui vont toutes deux à deux... Ton cou est comme la tour de David bâtie à créneaux, à laquelle pendent mille boucliers... Notre petite sœur est comme une muraille sur laquelle nous bâtirons un palais d'argent... Ton nombril est comme une tasse comble... Tes deux...

— Je ne vous dis pas — interrompit Victor Hugo — que ces images soient proportionnées ; elles sont hyperboliques, orientales, elles ne sont point fausses. C'est ainsi que, dans l'*Iliade*, toute l'armée des Grecs est couverte par l'ombre du casque de Pallas. Mais voulez-vous voir une image fausse ? Voici, d'*Iphigénie*, des vers fort admirés :

et la rame inutile
Fatigua vainement une mer immobile.

» Mais c'est justement quand la mer est immobile que la rame est utile !... Et puis, quoi de plus faux, quoi de plus mesquin que l'image de cette mer « *fatiguée ?* » Eh ! la mer se fatigue-t-elle jamais? Ce sont les rameurs qui se fatiguent. Il fallait montrer les rameurs en sueur courbés sur la mer infatigable. Voilà ce qu'aurait fait Homère !

La critique est ingénieuse et frappante ;

on pourrait en recevoir une forte impression. Mais bien ingénieusement aussi et victo-
rieusement, M. Paul Mesnard a répondu.
D'abord, pour ce qui est de l'expression :
« *fatiguer la mer par les rames* », ce fin lettré
rappelle qu'elle est empruntée à Virgile, et
que l'image est particulièrement juste dans le
vers de Racine, où il s'agit (l'idée n'est pas
dans Virgile) d'efforts impuissants, que la
mer, vainement frappée, doit souffrir avec
impatience. L'éditeur de Racine fait encore
cette remarque péremptoire, que le poète
parle, aux vers 47 et 51 d'*Iphigénie*, d'un
« prodige étonnant », d'un « miracle inouï » :
le prodige, le miracle consiste précisément en
ceci, que les lois de la nature étant sus-
pendues, la rame, par quelque volonté des
dieux et contrairement au cours normal des
choses, demeurait sans effet sur cette mer
immobile.

Victor Hugo critiqua ensuite ce couplet
fameux de l'héroïne :

> D'un œil aussi content, d'un cœur aussi soumis
> Que j'acceptai l'époux que vous m'aviez promis,
> Je saurai, s'il le faut, victime obéissante,
> Tendre au fer de Calchas une tête innocente.

— Voici une fille qui va tendre sa tête au fer (on dit « *tendre le cou* » et « *présenter sa tête* »), d'un œil content et d'un cœur soumis, du même œil et du même cœur dont elle aurait bien voulu se marier ! La suave harmonie de ces quatre vers... (si l'on passe sur les deux *que* du second, vétille qui n'est une faute que chez un écrivain vanté pour sa musique soutenue), cette harmonie ne les empêche pas d'être un galimatias grotesque.

L'expression, fréquente chez Racine : « le jour que je respire » ; le dernier vers du récit de Théramène :

> Et que méconnaîtrait l'œil même de son père,

étaient d'autres graves impropriétés pour notre sévère « grammairien ».

Victor Hugo relevant les fautes de français

de Racine faisant pendant à Voltaire relevant les fautes de français de Corneille. Les critiques de Voltaire procédaient d'une certaine ignorance de l'histoire de la langue française, et il faut en dire autant des critiques de Victor Hugo, malgré ses prétentions bien fondées et sa réelle supériorité à cet égard. De nombreuses autorités littéraires, qu'il ne désavouerait pas, justifient « *tendre la tête* », « *respirer le jour* », « *méconnaitre* », au sens de « ne pas reconnaitre », etc. Ce serait d'ailleurs un zèle bien puérilement superstitieux de vouloir tout justifier chez ce poète exquis, mais faillible. Il est probable qu'il doit quelquefois, d'un cœur soumis, « *tendre sa tête* » à l'exécuteur, et qu'il y a dans ses ouvrages plusieurs fautes qu'il aurait mauvaise grâce à « *méconnaitre* ». Et après ? Les taches de *Phèdre* n'ôtent pas plus à *Phèdre* sa gloire éclatante de chef-d'œuvre, que l'anachronisme sur la Sorbonne ne l'enlève à *Aymerillot*.

Charles et François Hugo.

*
* *

Les quelques propos qu'on vient de lire composent toute ma récolte d'auditeur du grand homme pendant les derniers mois de 1868 ; elle est maigre, et celle de 1869 est nulle. J'attribue cette disette de souvenirs, de lettres et de notes à une grande lassitude que je commençai à sentir vers la fin de mon séjour à Guernesey. Je dus éprouver alors le même ennui qui accabla les fils de Victor Hugo et les tint éloignés de l'île pendant les dernières années d'exil de leur père.

Un poète grec a dit que, du miel savoureux et des fleurs elles-mêmes, on finit par en avoir assez. J'avais la satiété de l'île délicieuse dont j'avais exploré tous les coins et recoins. Que pouvais-je, après trois ans, attendre encore d'un charmant séjour dont j'avais épuisé les plaisirs monotones ? Que pouvais-je espérer d'une fonction provisoire qui ne m'ouvrait aucune carrière, qui ne me réservait point d'avenir ?

La plus importante de mes deux thèses était terminée ; pour l'autre, j'ajournais à mon retour en France l'usage de certains gros instruments de travail que je n'avais pas emportés avec moi, j'entends mes dictionnaires latin-français et français-latin.

J'expérimentais toute la vérité de cette pensée profonde de Mme Victor Hugo, au dîner de janvier 1867 : « On ne travaille qu'à Paris ; on ne s'amuse qu'à Paris. » Le patriarche lui-même, le père, l'Homère « à la barbe fleurie », d'où la sagesse était descendue avec tant de grâce sur ma jeune tête, commençait à me faire l'impression d'un vieux livre lu et relu.

Le vaste bâillement des dimanches désœuvrés ; l'impuissance irritante à pénétrer le mur de glace derrière lequel la société anglaise se retranchait ; un certain manque de liberté, de bonhomie, de cordialité partout, sauf dans l'atelier du joyeux photographe, grand enfant sans culture et riant aux mouches ; le dégoût d'un enseignement abécédaire à peine supérieur au métier de maître d'école montrant à lire à des bambins ; enfin, et surtout peut-être, l'absence de toute espèce de vie publique et d'intérêts généraux occupant la conversation des hommes rassemblés, — la durée triennale de ces épreuves diverses avait imprimé à la longue sur mes nerfs exaspérés sa douloureuse meurtrissure. Et ce qui est inexcusable, c'est que je le laissai voir ; bien plus : je le montrai ; pis encore : j'étalai ma blessure intérieure.

Si les bons Guernesiais que je connus il y a trente-cinq ans et qui vivent encore ont gardé de moi le moindre souvenir, ce ne peut être que celui d'un sermonneur fâcheux et plein d'impertinence. A ma première conférence publique sur Alfred de Musset en avait succédé, le 5 février 1869, une seconde, sous ce titre : *Comment la littérature affranchit l'homme*. Quelques semaines après, le 23 avril, dans un troisième et dernier discours, intitulé *Excelsior*, je fis au public mon compliment d'adieu sous la forme d'une vraie mercuriale. Oh ! sans doute, j'eus grand soin de dire que c'était mon amour même pour Guernesey qui m'inspirait de désagréables vérités à son adresse ; mais on aime mieux en général être moins aimé que d'en recevoir des preuves si rudement convaincantes. La simple vérité est que je me mêlai de ce qui ne me regardait point ; je fus indiscret, je fus importun et parfaitement insupportable.

Les gronderies de la fin donneront une idée de ce sermon morose :

... Guernesey, île heureuse, belle terre de liberté dont j'aurais voulu faire ma seconde patrie, pourquoi faut-il qu'avec tant de souvenirs chéris que mon cœur conservera de toi, j'en emporte quelques autres qui pourront me consoler de t'avoir quittée pour jamais ? Mesdames et Messieurs, supportez ma franchise : la franchise est la politesse qu'on doit aux personnes qu'on estime. Je vous aime plus que vous ne le pensez, et de tous les côtés où je jette mes yeux, j'aperçois des visages amis ; mais je puiserai dans l'affection même que j'ai pour vous le courage de vous parler sincèrement.... Les barrières qui séparent les classes deviennent, chaque jour, je le constate avec plaisir, de moins en moins infranchissables ; il y a dans ce sens un progrès dont je vous félicite ; mais ne vous faites point d'illusion : il vous reste une foule de préjugés ; on ne se débarrasse ni vite ni aisément d'une vieille routine, et vous avez encore presque tout à apprendre en fait de relations sociales.

La conversation est aussi nécessaire aux gens d'étude que l'indépendance et le loisir : dans une société organisée comme la vôtre, comment la vraie conversation du monde existerait-elle? Il n'y a de conversation que là où il y a des salons, des salons fréquemment et familièrement ouverts aux amis qui aiment à se rencontrer pour causer, et je ne puis pas donner le nom de salons à ces sanctuaires inaccessibles, qui, fermés des semaines et des semaines de suite, s'ouvrent enfin, un soir, par extraordinaire, pour quelques privilégiés, après huit jours d'une invitation cérémonieuse... Il se peut que dans vos maisons vous étudiiez et lisiez beaucoup ; mais comment le savoir ? Vous éprouvez si peu le besoin d'échanger vos idées et de communiquer vos lumières ! réserve d'autant plus déplorable, que, par le double privilège de sa liberté politique et de sa situation géographique, Guernesey pourrait être une sorte de trait d'union intellectuel entre l'Angleterre et la France.

Vous avez l'honneur de posséder parmi vous l'homme qui est, sans contredit, le premier personnage littéraire de l'Europe, et vous le laissez vivre dans la solitude d'un oubli profond, comme dans une espèce de second exil, indifférents à sa présence, indifférents à son absence, et sans avoir l'air de vous douter que, pour les siècles à venir, le nom de Victor Hugo enveloppera celui de Guernesey dans sa gloire.

Parce que je signale tes imperfections, parce que je fais des vœux pour ton progrès, ne t'irrite pas contre moi, chère île de Guernesey : je te parle ainsi parce que je t'aime. Non, ne t'irrite pas contre moi, si, en m'arrachant de tes rivages, où je laisse la moitié de mon cœur, je te crie pour dernier adieu : « *Excelsior ! Excelsior !* »

En même temps, j'imprimais à Guernesey mes *Causeries guernesiaises.*

C'est un affreux volume in-octavo, d'aspect lourd et massif, contenant douze leçons de littérature comparée et surtout discur-

« J'imprimai à Guernesey mes *Causeries guernesiaises.* »

sive, adressées à un auditoire féminin ; avec l'autorisation de leurs auteurs, dix lettres en anglais, que les plus sérieuses ou les plus hardies de mes auditrices m'avaient écrites sur les sujets variés de mes causeries, s'entremêlent bizarrement à cet étrange cours, et le tout est suivi de mes trois grandes conférences publiques.

Dans ce livre, il est peu question de Victor Hugo, et pour cause ; je ne voulais traiter cette matière qu'avec liberté, et le voisinage de l'homme me gênait. Naturellement, je lui fis hommage d'un exemplaire : il ne pouvait pas trouver dans le volume une grande satisfaction pour ses appétits de louange ; mais il ne m'en a témoigné aucun déplaisir.

Quant à Kesler, plus royaliste que le roi, je veux dire plus ardent ennemi des classiques français du xviiᵉ siècle, de Racine en particulier, que le chef même du romantisme, il refusa, dans une lettre d'ailleurs aussi cordiale que franche, de faire sur mon livre l'article que je lui avais demandé pour la *Gazette officielle* de l'île.

J'ai lu, dans vos *Causeries*, des choses qui m'ont fait bondir. Je ne pourrais éviter d'en parler ni en parler avec modération. En France, si je ne vous connaissais pas, j'attaquerais le livre à fond ; ici ce n'est pas absolument mon devoir, ce serait sans profit pour personne et ce serait un chagrin pour moi.

Un critique plus célèbre que Kesler refusa également de faire sur mes *Causeries* un de ces articles ardemment désirés qui sont si utiles aux pauvres auteurs, puisque sans eux leur œuvre n'a la vie qu'en puissance, non en fait et en acte. Quand l'exotique volume sortit, fauve et hideux, de la presse guernesiaise, je m'empressai d'envoyer un exemplaire à Sainte-Beuve en le priant naïvement (on ne doute de rien quand on est jeune) de le faire connaître au public français. Sainte-Beuve ne répondit à mon ambitieuse demande que par une lettre qui était déjà une grande faveur, mais où se marque l'effroi que la vue du monstre lui avait causé :

... Revenez vite en France, Monsieur, et faites-nous part de vos richesses de littérature comparée sous forme facile, directe et sans tant de couvercles et d'enveloppes... Votre première publication avait été trop compliquée et trop subtile de forme pour réussir... La seconde se dégage mieux, quoiqu'elle soit encore empreinte d'un *particularisme* un peu singulier pour Paris. Ce n'est peut-être pas à moi qu'il appartiendrait de vous faire cette remarque, puisque j'ai moi-même, en mon temps, cherché des apartés et des *isoloirs* pareils à Lausanne et à Liége. Vous avez eu à Guernesey le grand mérite et la force de vivre à deux pas de la haute montagne d'aimant et de n'y avoir point aussitôt et fixement adhéré...Vous êtes assez fort pour n'avoir point à craindre ici la corruption, et vous y aurez vite acquis le courant et le coulant, la mesure, ce qui est nécessaire à tout écrivain français, un agrément non exotique... Vous serez parfaitement libre en France de dire et de professer tout ce que vous pensez, et vous pensez beaucoup et bien. — Je parlerai de votre livre aux personnes qui viendront chez moi (car je ne sors plus). J'en ai parlé hier à M. Buloz, qui l'a vu sur ma table. Scherer pourrait rendre compte du livre plus convenablement que moi : je suis usé ou muet désormais sur Musset, Hugo et *tutti quanti*. J'ai abusé, à leur égard, du droit que peut avoir un critique dans sa longue vie de dire, redire et se contredire. J'en ai assez d'eux, et eux, ils en ont assez de moi pour l'éternité. Nous sommes soûls les uns des autres. Mais d'autres, heureusement, sont plus frais et plus neufs, et vous êtes de ces jeunes qui recommencent.

J'avais cassé publiquement beaucoup de vitres. Ce scandaleux éclat ne m'empêcha point de prendre congé de tous mes amis et de toutes mes amies individuellement, dans les termes les plus affectueux, et de commencer avec mes élèves, tant du collège royal que de mon cours libre, ces éphémères relations épistolaires, qui deviennent si vite pour la réflexion un sujet de grande mélancolie, parce qu'il est inévitable que l'absence, après les avoir ralenties peu à peu, finisse par les abolir tout à fait.

Victor Hugo fut bon et paternel, comme toujours, s'intéressant avec sollicitude à mon avenir littéraire, et plein d'indulgence pour mes hérésies. Il me donna un conseil d'habile homme, qu'on devine : c'était de prendre pour sujet de quelques conférences publiques à Paris, les propos que je lui avais entendu tenir, assurant avec raison qu'il y aurait là pour moi, si seulement je savais mon métier, l'occasion « d'un très grand succès ».

J'avais souvent eu l'impression que l'exilé de Guernesey comptait un peu sur mon intermédiaire pour faire entendre ses paroles en France, et que, loin d'appréhender mes indiscrétions, il versait dans mon oreille des discours pour tout l'univers. Cet immortel a toujours pris soin de la publicité de l'heure présente ; il ne dédaignait nullement, pour la construction du temple de sa gloire, la petite pierre que j'y pouvais apporter.

Je suivis son excellent conseil en 1872, mais avec une telle maladresse que je n'eus pas le moindre succès ; en vérité, on n'en mérite aucun quand on se montre, soit par insouciance, soit par bêtise, si profondément étranger à l'art de réussir et de parvenir. Offrons aux jeunes auteurs, pour leur instruction, le fruit sec et amer de cette comique expérience

Je rapportai bien quelques bribes des conversations de Victor Hugo ; mais où ? mais comment ? Dans les chapitres deuxième et troisième d'une œuvre à titre vague, à sous-titre bizarre, consacrée à un sujet plus général. Ce n'était donc pas *pour elles-mêmes*, mais comme un développement de seconde importance et subordonné à *autre chose*. Qu'était-ce que cette autre chose ? *Les Artistes juges et parties*. Entendez par là une étude de littérature, de psychologie, et un peu aussi de morale, sur la critique littéraire issue des grands poètes et des grands prosateurs, qui, étant d'inventifs génies venus au monde pour créer, et non des critiques de profession, montrent dans leurs jugements beaucoup de profondeur et beaucoup d'étroitesse, à la fois pénétrants et exclusifs, sensibles à fond aux qualités qui sont celles de leur famille, mais fermant leur esprit aux beautés d'un autre ordre. Sujet intéressant peut-être, mais prétexte absolument inutile à ce que j'aurais bien mieux fait de dire sans ambages.

J'avais commencé cette complexe étude sur « les Artistes juges et parties » dans mes *Causeries guernesiaises*, dont mes *Causeries parisiennes* étaient la suite. Victor Hugo, sur lequel j'avais tant de choses curieuses à conter tout bonnement, comme on conte *Peau d'âne*, arrivait dans le second volume, avec son numéro d'ordre, *après* Chateaubriand, Byron, Gœthe, Lamartine, *avant* Béranger, Paul-Louis Courier et madame Sand ! C'était un nouveau cours extrêmement discursif de littérature comparée ; et, pour comble, ce cours s'adressait encore à des jeunes filles, chaque chapitre commençant par ce mot : « Mesdemoiselles » !

Depuis ma *Petite comédie de la critique*
jusqu'à mon *Essai sur les réputations*, qui est
mon testament littéraire, j'ai presque toujours
enveloppé ainsi ma pensée, comme me le
reprochait Sainte-Beuve, dans des détours,
des biais et des complications, dont la moindre a été de vouloir faire tenir une double
étude dans le même cadre : *Shakespeare ET
l'Antiquité*, *Molière ET Shakespeare*, *Racine
ET Victor Hugo*, etc...

Oh! comme on m'aurait lu davantage si
j'avais dit les choses simplement! Ce n'est
qu'après avoir écrit plus de vingt volumes
que je commence enfin à savoir comment
il faut écrire; ce n'est qu'après une vingtaine de *vestes* que j'ai fini par apprendre
à mes dépens, en théorie, — et trop tard,
— comment on se procure et comment on
endosse la bonne robe de chambre chaude,
ample et moelleuse du « succès ».

ÉPILOGUE

Le 1er avril 1870, je subis en Sorbonne l'épreuve qui s'appelle une soutenance de thèses pour le doctorat ès lettres. Elle consistait en ce temps-là et elle consiste souvent encore à écouter, sans mot dire, les brillantes dissertations que font, à tour de rôle, les membres du jury, pour l'émerveillement de la galerie. J'avais beaucoup redouté cette passe d'armes : elle fut sans douleur et sans fatigue, mes courts et rares engagements n'ayant été qu'une figuration à peine aperçue dans un spectacle où le public avait les vrais acteurs en face et entendait très bien leurs discours, mais ne distinguait, de l'autre côté de la grande table au tapis vert, que l'humble dos du candidat se trémoussant sur la sellette.

Quand ma thèse sur Sterne fut publiée, je l'envoyai à Victor Hugo, qui me fit le très grand honneur de me remercier après lecture par une lettre datée de Hauteville House, le 5 juillet 1870.

L'usage des auteurs citant des lettres de ce genre est d'en supprimer la partie élogieuse ou de ne la transcrire qu'avec mille excuses, dans la confusion profonde de leur indignité. On me dispensera de cette grimace. La lettre est de Victor Hugo. Elle est tournée supérieurement. Elle fait sentir, sous l'éloge, d'intéressantes et loyales réserves. Elle nous montre dans un tête-à-tête curieux l'auteur des *Misérables* et celui de *Tristram Shandy* ; cela suffit, je pense, pour que je la transcrive tout entière :

J'ai lu, Monsieur, et je relirai votre travail sur Sterne. C'est un livre. Je suis en désaccord avec vous. vous le savez, sur plusieurs points essentiels en littérature et en politique, mais je rends pleine justice aux fortes qualités de votre excellent esprit.

Vous êtes un écrivain ingénieux et vif, et vous avez une pénétration sagace, qui mériterait de ne se tromper jamais. Votre œuvre sur Sterne abonde en pages qui forcent le lecteur à des temps d'arrêt. Vous avez ce grand don de l'écrivain : rendre le lecteur pensif. Je vous remercie de m'avoir envoyé votre remarquable livre. De même qu'il y a des épées de chevet, il y a des livres de solitude. Un livre qui résiste à un solitaire est un bon livre. Votre livre m'a résisté. Je lui ai fait porter cette surcharge de mes longues heures de rêverie et de travail, et toutes les exigences de ma pensée si difficile à distraire. Il s'est très bien tiré de la tâche que je lui imposais ; il m'a charmé, il m'a enseigné et renseigné, et je vous envoie mon cordial applaudissement.

Victor Hugo.

*
* *

Quand l'Empire, après une durée beaucoup plus longue que ne pensaient les proscrits de 1851, eut eu la fin prédite par les *Châtiments*, et quand la patrie fut en péril, Victor Hugo revint en France et s'enferma dans Paris assiégé. J'y restai moi-même jus-

19

qu'à ce que la Commune me forçât de m'enfuir, prenant, comme garde national, une
part peu héroïque à la vie militaire.

Un jour, je reçus d'un de mes chers élèves
du collège Elizabeth, le charmant George
L.., que je surnommais familièrement « don
Carlos », depuis qu'il avait fait ce personnage
dans nos lectures d'*Hernani*, un billet tou-
chant et affectueux, qui m'arriva je ne sais
comment, par pigeon voyageur ou par bal-
lon monté, et qui portait cette vague adresse,
assez amusante :

> *A monsieur Paul Stapfer,*
> *à Paris,*
> *ou à quelqu'un de ses amis qui y demeure,*
> *ou à monsieur Victor Hugo.*

Le contenu finissait par cette instante
prière d'un bon petit cœur qui m'était
resté fidèlement attaché :

Prière à quiconque lira ces lignes de les faire
parvenir à mon ami M. Paul Stapfer, docteur ès

lettres, auteur des *Causeries guernesiaises* et de plusieurs autres ouvrages spiritueux. S'il sera absent, qu'on les envoie chez M. Victor Hugo, ou aucun autre de sa connaissance, les priant d'avoir la bonté d'écrire de ses nouvelles à l'adresse ci-dessus.

Le 2 décembre fut, dans la guerre de 1870, une grande journée, en même temps qu'un anniversaire doublement mémorable. Je ne voulus pas laisser passer ce jour historique sans avoir au moins déposé ma carte chez Victor Hugo, et je pris le chemin de sa maison en revenant du cimetière du Père-Lachaise, où j'étais allé voir ce que, de cette hauteur, on pouvait découvrir de la bataille de Champigny.

Il demeurait alors avenue Frochot. Au moment où je tirais la sonnette de sa porte, Cham sortait de chez lui. Le vieillard reconduisait son visiteur jusqu'à la rue avec sa grande politesse coutumière. Il était cinq heures. Il faisait nuit noire. Je me nommai, et je fus accueilli avec cette vieille bonté de père ou d'aïeul, que je connaissais depuis quatre ans.

S'excusant de marcher devant moi, il me conduisit par des couloirs obscurs jusque dans une petite chambre où brillait un feu de charbon; mais aucune lampe n'était allumée. Nous n'avions pas encore fini de marcher, que je lui demandai s'il avait des nouvelles de la bataille ?

— Non. Pas de nouvelles, à proprement parler, mais de vagues rapports, qui sont favorables. On dit que tout va bien. J'ai bon espoir.

— Ce que j'ai pu constater avec tout Paris, repris-je, c'est que, cet après-midi, le bruit de la canonnade semblait s'éloigner.

— C'est un bon signe. Mais ce n'est peut-être pas encore la victoire. Avec la formidable armée des Prussiens, il y a toujours une chose à craindre : c'est qu'il ne leur arrive, au dernier moment, un renfort de trois cent mille hommes. Au reste, le général Trochu, qui sait son métier (ce n'est pas un grand capitaine, mais c'est un bon officier), le général Trochu a prévu cela. Il y a dans Paris une armée de réserve toute prête à marcher : soldats, gardes mobiles et gardes nationaux. Mes deux fils sont dans l'artillerie de la garde nationale. J'ai prévenu Schœlcher que si l'artillerie de la garde nationale est appelée, je partirai avec la batterie où sont mes fils.

— Connaissez-vous — lui demandai-je — le plan du général Trochu ? Et, me reprenant aussitôt : — Ma question est peut-être indiscrète.

— Nullement. Car le plan est visible : c'est de s'emparer de la route de Fontainebleau, de s'y établir fortement, et par là de ravitailler Paris.

» Il y a, d'ailleurs, d'autres projets. J'ai entendu tout à l'heure, dans la direction de Saint-Denis, où commande mon ami La Roncière, un coup de canon qui m'a fait penser qu'un de ces projets pourrait bien être en voie d'exécution. Il s'agirait de surprendre à Gonesse le parc d'artillerie des Prussiens. S'ils n'ont pas eu la prudence de le dégarnir, un coup de main est possible de ce côté, et c'est deux cents canons qu'on leur prend. Mais ce serait trop beau.

» Quel que soit le résultat de tout ceci, la loi qui veut que le genre humain marche ne peut pas recevoir de démenti. Si la France est vaincue, si le progrès semble vaincu avec elle, ce ne sera qu'une apparence... La Prusse triomphante, c'est l'empire d'Allemagne reconstitué tel qu'il était au xve siècle, c'est le despotisme le plus écrasant. Eh bien ! croyez-vous que les peuples ne réfléchiront pas ? Quoi ! diront-ils, c'est pour cela que nous avons donné nos vies ! Et les écrivains, les penseurs ne continueront-ils pas à répandre sur eux la lumière ?

» Pour moi, le séjour en France ne me conviendrait pas plus sous la loi du Prussien que sous la loi du Bonaparte. Je retournerais en exil et je dénoncerais le roi de Prusse à la civilisation... Mais j'ai confiance.

» Les Prussiens ont commis une imprudence énorme : ils ont compté qu'ils vaincraient toujours et partout, sans contestation et sans limites. S'ils perdent une seule grande bataille, ils sont perdus. Leurs forces sont disséminées, et il ne leur sera plus facile de les concentrer maintenant. Le paysan, qui est lâche, n'attend que leur défaite pour se soulever. Il sciera le cou aux vaincus, il plantera leurs têtes au bout des piques. Ce sera notre tâche alors de faire entendre la voix de l'humanité et de sauver nos envahisseurs...

» Oui, si Dieu, auquel je crois plus que jamais, s'en mêle (et je crois qu'il s'en mêle), nous aurons la victoire. Si jamais il y eut une cause juste, c'est la nôtre. Moi, président du Congrès de la paix, je suis devenu prédicateur de la guerre, et jamais je ne me suis senti plus d'accord avec moi-même..

» Mes amis s'étonnent que j'aie prophétisé si juste dans les *Châtiments*. Oh ! je savais bien quelle serait l'issue. Pour le savoir, je n'ai eu qu'à écouter la voix de la conscience, qui ne trompe jamais.

» La conscience ! je ne veux pas d'autre démonstration de l'existence de Dieu. Vous est-il parfois arrivé de faire une chose ou de vouloir une chose que quelque chose en vous désapprouvait ? Ce quelque chose n'était pas vous, puisqu'il vous contredisait ; ce quelque chose, c'était *Quelqu'un*, et je l'appelle *Dieu*. J'ai souvent agi en opposition avec cette voix ; je ne suis point impeccable, mais je savais ce que j'aurais dû faire, bien que je ne le fisse pas... Être saint, c'est l'exception ; être juste, c'est la règle.

Suivant mon invariable et ancienne tactique, je présentai à Victor Hugo, non pour le contredire, mais simplement pour le faire causer davantage, la banale objection tirée de l'existence du mal et de l'impossibilité de concilier certaines catastrophes publiques ou particulières, qui sont atroces et révoltantes, avec la justice de Dieu.

— C'est juste, — répondit-il. — L'objection est sérieuse. Le mal est le mal. Ni aucun sophisme, ni aucune alchimie ne le changera en bien. Rendre Dieu responsable, comme tous les chrétiens le font aujourd'hui, des maux qui, sans déguisement possible, sont des maux, et même l'en remercier, comme d'une bénédiction incomprise et cachée, c'est chose grave, inacceptable au cœur ainsi qu'à la conscience.

» Voilà pourquoi je ne suis pas homme à traiter dédaigneusement le manichéisme. La croyance en deux puissances ennemies luttant l'une contre l'autre ne me semble contraire ni à la raison philosophique ni à la vraie religion. Mais cette lutte doit avoir une fin, qui sera la victoire de Dieu. Le mal n'est que le relatif; l'absolu, c'est le bien. Le mal doit disparaître, absorbé dans le bien...

» L'enfer existe, et la terre en fait partie ; elle est le monde *inférieur*, le lieu d'épreuve, le séjour transitoire et provisoire que les anciens appelaient *Inferi*. Oui, nous habitons la partie basse de la création, celle où règne le mal, où souffrent les hommes, et, qui pis est, puisqu'elles ne l'ont pas mérité, les bêtes, ces pauvres chevaux innocents, par exemple, dont j'ai peint l'horrible agonie dans *Melancholia...*

» Il y a deux erreurs de même nature : l'une consiste à diviser l'univers en trois zones : le ciel, la terre, l'enfer. Comment dire, dans cette suite infinie de mondes, parmi lesquels la terre tient si peu de place, où l'enfer finit, où le ciel commence ? Et l'autre erreur est de diviser le temps, par rapport à nous, en trois époques : le néant antérieur, cette vie, l'éternité future. La vie humaine n'est vraisemblablement qu'une étape dans une série sans fin de métamorphoses et d'épreuves destinées à nous rendre dignes, par degrés, d'une existence de plus en plus élevée.

» S'il en est réellement ainsi, l'immortalité
à laquelle notre nature aspire ne s'ouvre pas
un beau jour devant nous tout entière à la fois ;
mais nous en jouissons dès à présent et conti-
nuerons à en jouir par portions successives.
Où allons-nous ? Mystère. D'où venons-nous ?
Mystère non moins obscur. Sommes-nous
certains de n'avoir pas déjà paru sur la terre ?
Savons-nous si nous n'y paraîtrons pas encore ?

> *Ille ego (nam memini), Trojani tempore belli,*
> *Panthoides Euphorbus eram...* »

Le spiritualisme de Victor Hugo étant
constitué, non par quelque doctrine homo-
gène et solide, mais par toutes les idées belles
et généreuses qu'il est possible de concevoir,
ou plutôt d'imaginer, sur Dieu et sur l'âme,
comportait à la fois l'orthodoxie et l'hérésie,
le christianisme et le paganisme, le théisme
et le panthéisme, la foi en la survivance de la

personne et la croyance en la métempsycose, les arguments classiques de Socrate exposés dans le *Phédon* de Platon et les mystiques rêveries d'un Swedenborg ou d'un Lavater, l'odyssée planétaire de Jean Reynaud et la palingénésie terrestre de Pierre Leroux ; on y trouve tout ensemble la vieille affirmation de la séparation absolue de l'âme et du corps, et l'anticipation confuse des grandes doctrines du spiritualisme nouveau sur la matière, considérée comme si peu génératrice de l'esprit qu'elle en est issue au contraire et qu'elle doit y rentrer (1). Le grand poète me démontra

(1) Une conférence que le doyen de la Faculté des sciences de Montpellier, M. Armand Sabatier, fit à l'Institut général psychologique de Paris, le 13 mai 1904, sur ce sujet mystérieux : *Comment se fabriquent les âmes?* offre de très curieuses analogies avec la « philosophie de Victor Hugo », comme on appelle parfois les grands rêves féconds de son imagination poétique. La gravité et l'autorité du savant donnent aux fantaisies du poète un poids considérable. Un philosophe tel que Renouvier les a estimées assez pour leur consacrer deux volumes d'études, et tout récemment M. H Pellier, dans un court et substantiel ouvrage, a fait un exposé encore plus synthétique de sa *Philosophie*. Malgré ces beaux travaux, je ne crois guère à un *système* de Victor Hugo ; mais il faut avouer que nous autres, critiques

d'abord l'immortalité de l'âme par les raisons fameuses de l'*Anti-Lucrèce* étayées sur cette expérience personnelle, qu'à mesure que son corps dépérissait, son intelligence, loin de décliner parallèlement, devenait plus ferme et plus maîtresse d'elle-même qu'elle ne l'avait jamais été.

— J'ai plus de livres devant moi que derrière moi, et je me sens de plus en plus capable de les faire : cela prouve surabondamment l'ineptie du matérialisme.

Il développa non seulement en poète, mais en naturaliste, la célèbre et antique comparaison de l'âme avec le papillon qui sort de la chenille devenue chrysalide.

— Quel juste et profond sentiment du vrai l'antiquité a montré dans cet admirable symbole ! Tous les organes de la chenille se re-

---

littéraires, nous avons été dégoûtés trop vite par l'étalage souvent charlatanesque d'une suite d'idées plus profondes en réalité que ne le ferait croire tant de tapage verbal. Le moins que l'on puisse et doive accorder à ce grand porteur de hautes pensées, c'est d'avoir eu, dans l'ordre métaphysique, mainte *intuition* de génie.

trouvent dans le papillon, à l'analyse ; chaque partie de l'animal rampant subsiste dans l'animal ailé. C'est la même chose, et c'est tout autre chose. La métamorphose est si complète qu'on croit voir une nouvelle créature. Ainsi, dans notre existence d'outre-tombe, nous ne serons point de purs esprits : — car c'est là un mot vide de sens pour la raison comme pour l'imagination ; qu'est-ce qu'une vie sans les organes de la vie ? qu'est-ce qu'une personnalité sans la forme qui la définit et qui la fixe ? — Mais nous aurons vraisemblablement un autre corps, rayonnant, divin et, pour ainsi dire, spirituel, qui sera la transfiguration de notre corps terrestre.

Je croyais entendre saint Paul. Ce beau discours m'intéressait, comme on pense, au plus haut point, et je ne craignais qu'une chose : c'était de le laisser finir. Je dis donc n'importe quoi pour le prolonger, et voici le sens, sinon les termes mêmes, du propos quelconque que je hasardai :

« Je croyais entendre saint Paul. »

— N'y aura-t-il pas une petite difficulté pour les parents, amis et anciennes connaissances qui se retrouveront, après la mort, dans le costume des papillons ou des anges? Ce sera de se reconnaître... Mais, après tout, la chose pourra être rendue assez facile par l'extrême rareté de ces glorieux élus. J'ai peine à m'imaginer que toutes les chenilles humaines deviennent des papillons ; j'ai peine à croire que tous les hommes, par cela seulement qu'ils sont hommes et qu'ils ont vécu, doivent être immortels. Cette seconde naissance, cette résurrection que l'humanité espère, ne serait-elle pas la conquête ou la récompense de quelques-uns, plutôt que la condition naturelle de tous ? Pourquoi sauver tant de paresseux qui n'ont pas construit leur cocon ? N'est-il pas rationnel et juste que ces chenilles-là, j'entends les hommes qui n'ont point déposé leur âme dans une œuvre utile et honorable, qui n'ont laissé d'eux-mêmes ni un monument ni un exemple, et qui n'ont vécu que pour leur ventre, meurent tout entiers et rentrent dans la terre sur laquelle ils ont rampé un instant ? Il y a une hypothèse que je ne trouve point absurde et qui me séduit même beaucoup : c'est celle de l'immortalité dite *facultative* ou *conditionnelle* et réservée aux âmes qui s'en sont montrées dignes, toutes les autres retour- nant à ce néant auquel elles n'ont pas cessé d'appartenir.

Pendant que je parlais, Victor Hugo était tombé dans une profonde rêverie, plus féconde que mon vain babil, plus créatrice d'idées que mes questions et que mes doutes. Il en sortit enfin, pour dire avec une solennelle gravité :

— *Je sais que je suis immortel.* Si d'autres n'ont pas le sentiment de leur immortalité, j'en suis fâché pour eux, mais c'est leur affaire. Je ne leur conteste point ce qu'ils sentent. Ils ont sans doute raison pour ce qui les concerne, et leur instinct n'est pas trompeur.

» Je disais cela, un jour, à un matérialiste déclaré, que vous avez connu, notre pauvre ami Kesler, mort, hélas ! et rendu à la terre peu de temps après votre départ de Guernesey, et j'illustrai mon idée par une comparaison dont il parut si vivement frappé, qu'en voyant l'effet qu'elle produisait sur lui, j'écrivis ensuite mes paroles. Vous les lirez plus tard dans un livre intitulé *Explications*. Kesler me disait donc :

» — Je suis sûr, absolument sûr de mourir tout entier. Rien de moi ne survivra après moi. Ce que vous appelez mon âme mourra avec mon corps. J'en ai la certitude intime, l'inébranlable conviction. Je le sais, je le sens ; c'est pour moi l'évidence. A votre persuasion, que vous dites claire et profonde, j'en oppose une autre, qui ne l'est pas moins. Lequel de nous deux a raison ?

» — Je répondis :

» — Nous avons raison tous les deux.

» — Et comment cela ?

20*

» — Voici. Un poëte, un grand esprit (appelez-le Dante, Eschyle ou Shakespeare) écrit deux vers. Puis il sort, il s'en va rêver. Pendant son absence, les deux vers entrent en conversation : « Que nous sommes heu-
» reux ! dit l'un ; nous voilà immortels. Quelle
» gloire, ô mon ami ! et quelle durée ! L'éter-
» nité nous appartient. Aussi longtemps que
» l'esprit humain subsistera, aussi longtemps
» qu'il y aura un langage humain, nous vi-
» vrons dans la mémoire des hommes. —
» Bah ! tu crois ça, dit l'autre. Quelle singu-
» lière idée ! Je n'ai pas du tout ce senti-
» ment. Je vis, oui, mais... c'est drôle... il me
» semble... je sens que, dans un instant, je
» serai mort... » Là-dessus, le poëte rentre dans son cabinet de travail, s'approche de la table où il a écrit les deux vers, les relit, prend sa plume, biffe l'un, conserve l'au-tre... Et vous voyez comment tous deux avaient raison.

Victor Hugo, qui avait improvisé cet apologue dans une conversation avec Kesler, l'a raconté plusieurs fois à d'autres interlocuteurs. Il l'a traduit en vers dans *Religions et Religion*. Il en a laissé un texte en prose, plus bref que le récit oral, et que les éditeurs de ses œuvres posthumes ont publié dans le fragment *De la Vie et de la Mort* inséré au *Post-Scriptum de ma Vie.*

Au mois de janvier 1871, Victor Hugo était logé au Louvre dans le pavillon de Rohan. C'est là que j'allai lui faire visite, un soir, avec mon ami Guillaume Guizot, qui, aspirant à l'honneur d'être présenté au grand poète, m'avait d'abord invité chez lui à un festin de guerriers assiégés : un morceau de l'éléphant du jardin des Plantes, immolé l'avant-veille, était insidieusement promis à mon appétit friand et curieux pour plat de résistance. Mais comme ce pachyderme coûtait soixante-quinze francs la livre, Guillaume Guizot avait réfléchi, et nous nous contentâmes du noble et fougueux animal qui traîne les canons et les omnibus.

L'estomac généreusement chargé de la plus belle conquête que l'homme ait jamais faite, nous nous acheminâmes vers le Louvre. Il faisait une forte gelée. Le clair de lune était superbe. On entendait gronder l'artillerie des forts.

L'homme qui allait écrire *l'Année terrible* était dans son salon, debout contre la cheminée, en vareuse de garde national. Il nous reçut très gracieusement. Au fils de M. Guizot il parla de son père avec estime, répétant le sympathique éloge que je l'avais entendu faire à Guernesey du puissant orateur, mais passant sous silence la critique de l'écrivain au style « terne ». Naturellement, on causa surtout de la guerre. Le grand garde national nous dit qu'il n'y avait plus qu'une chose à faire dans l'extrémité où était la France : prier Dieu de nous prêter Napoléon pour un mois, en promettant de le lui rendre aussitôt qu'il aurait

fait repasser à l'envahisseur les frontières de
la patrie française.

*
* *

Je ne revis plus Victor Hugo. Professeur
à la Faculté des lettres de Grenoble, puis à
celle de Bordeaux, j'avais cessé de nouveau
d'être parisien. Je ne le suis pas redevenu.
La province m'aura gardé, en somme, bien
plus que Paris où je suis né, et je ne m'en
plains pas ; la vie cachée et tranquille qu'on
y coule n'est-elle pas la plus conforme au
type normal de l'existence ? Établi loin
de la « capitale du monde », où le géant de
la littérature moderne installé désormais
et adoré de tout l'univers entrait vivant dans
son apothéose, je faisais à Paris de trop
rapides voyages pour avoir le temps d'y
entretenir d'autres relations que les plus
indispensables et pour cultiver celles de
grand luxe. Avouons, d'ailleurs, la vérité :

ce n'est point pour ce motif banal que cessèrent mes visites au *Jupiter Optimus Maximus,* à mon hôte très bon et très grand de Guernesey.

Ma destinée avait fait de moi un homme de lettres, accessoirement orné et pourvu du titre de professeur, et mon vague besoin d'écrire avait pris la forme précise de la critique littéraire, faute du génie d'invention qui inspire des œuvres plus originales. Être un simple critique, c'est être peu de chose assurément ; mais enfin, puisque j'avais choisi ce métier et qu'il y en a de plus sots, je m'appliquai à y faire honneur. L'étude de Victor Hugo était une de celles qui m'attiraient le plus ; j'admire passionnément ses beaux ouvrages, et je sentais bien que la connaissance personnelle que j'avais de l'auteur était une condition singulièrement favorable pour parler de lui avec compétence. Mais je tenais, par-dessus tout, à l'indépendance de ma critique ; c'était une chose plus précieuse encore à mes yeux que l'avantage de fréquenter les vivants objets de mes études, plus sacrée que les égards dus aux personnes dans l'intimité desquelles on eut le privilège d'être admis, plus chère que les devoirs de la reconnaissance.

Je n'avais pas partagé la sympathique indulgence du vieil ami des misérables pour les sombres incendiaires de la Commune, et je l'avais dit avec quelque dureté dans un mauvais article sur *l'Année terrible;* l'apocalypse du *William Shakespeare* m'avait paru, dans certaines pages, involontairement bien plaisante, et j'avais eu l'impertinence d'en rire et de m'en égayer comme à la comédie; j'avais douté que *l'Ane, l'Homme qui rit, Religions et Religion, la Pitié suprême, la Vision de Dante,* fussent des modèles de concision, à l'instar de Tacite, et j'avais osé manifester cette opinion peu hardie en soi, mais contraire aux prétentions de l'auteur. Voilà, au fond, la vraie raison pour laquelle, dès 1872, je ne me sentis plus la liberté ni le droit d'approcher un demi-dieu qui, moins encore qu'aucun autre génie, aimait le franc-parler de la critique, et qui voulait bien qu'on fît son portrait, mais à la condition de choisir lui-même son attitude et de diriger le pinceau.

Qu'un poëte préfère la pure louange à la critique, rien de plus naturel; c'est le contraire qui serait trop beau pour être vraisemblable. Mais qu'un critique sacrifie à quelque considération que ce soit l'espèce d'excellence qu'il peut atteindre, dans sa modeste sphère, par le plein exercice de son jugement et de sa liberté, cela m'étonne toujours. Je trouve si facile de dire et du bien et du mal des grands auteurs que j'étudie ! Et cela, par l'excellente raison, cyniquement égoïste, que si leurs œuvres m'intéressent et si je les aime, je m'intéresse davantage encore à l'ouvrage que leurs œuvres m'inspirent et le chéris d'une plus tendre affection. Or, si l'on a reçu du bon Dieu le moindre talent, je ne puis pas

« Le 27 mai 1885, je montai dans ma chaire
de littérature française. . »

comprendre que, lorsqu'on a choisi un très beau sujet d'étude, Calvin ou Bossuet, Voltaire ou Rousseau, Hugo ou Chateaubriand, on aille misérablement le gâter par la faiblesse féminine ou puérile de changer l'histoire en apologie, de réduire à la fadeur des éloges un régal de haut goût pour l'intelligence, et de tout applaudir ou justifier chez son héros.

Mais quand Victor Hugo mourut, j'éprouvai que, dans la surprise d'un deuil douloureux, la critique s'amollit et fond tout entière comme la plus vaine des vanités de l'esprit ; — et cette défaite du jugement bouleversé, confondu, anéanti par l'émotion, est à l'honneur de notre nature.

Le 27 mai 1885, je montai dans ma chaire de littérature française, et, interrompant le cours que je faisais alors sur nos vieilles « chansons de geste », je dis à mes étudiants de Bordeaux :

Messieurs, la mort a beau venir à son heure quand elle frappe un *mortel* de quatre-vingt-trois ans, ce mortel a beau être, comme on l'a magnifiquement dit, un génie entré vivant dans l'immortalité, elle n'en est pas moins toujours la brutale et cruelle énigme, et aucune créature intelligente et sensible ne peut, sans une émotion profonde, voir disparaître celui qui était, entre tous ses contemporains, la plus haute incarnation de l'esprit. Ce n'est pas ici une appréciation littéraire, c'est la pure et simple constatation d'un fait. Parmi tout ce que le monde actuel peut compter de grands hommes, à l'étranger comme en France, la personne de Victor Hugo occupait non seulement une place très illustre, mais la plus belle et la plus brillante. Et c'est pourquoi, quelques honneurs que l'on rende aujourd'hui à sa dépouille et à sa mémoire, il est impossible de rien exagérer. Demain fera toutes les réserves qu'il voudra. Aujourd'hui appartient tout entier à l'admiration et au culte. Et quoi qu'on dise, et quoi qu'on fasse, dans un tel cortège de la France et du monde menant au tombeau son plus grand homme, il n'y a point d'hyperbole possible.

Avec un sentiment juste, je crois, de ce qui convenait à l'heure actuelle, je m'abstins de tout jugement d'ordre littéraire. La seule chose que j'avais à cœur de montrer, c'était le vide immense que la disparition d'un tel génie faisait pour nous, au milieu de l'indifférence de l'univers, et les vers que je choisis pour les citer sont ceux où l'auteur des *Feuilles d'Automne* déplore la destinée de l'homme souffrant, vieillissant et mourant en face de la nature souriante et immortelle :

> ...* Et la face des eaux, et le front des monta-
> [gnes,
> Ridés et non vieillis, et les bois toujours verts
> S'iront rajeunissant ; le fleuve des campagnes
> Prendra sans cesse aux monts le flot qu'il donne
> [aux mers.
>
> Mais moi, sous chaque jour courbant plus bas
> [ma tête,
> Je passe, et, refroidi sous ce soleil joyeux,
> Je m'en irai bientôt, au milieu de la fête,
> Sans que rien manque au monde immense et
> [radieux !

Mais, si je ne faisais pas de critique littéraire, je voulais, à l'exemple du maître glo-

rieux que je pleurais, inspirer à la nouvelle
génération le courage, la foi, l'espérance,
dont il m'avait donné, dans les jours d'exil
et de deuil, de si belles et si généreuses
leçons.

Ce qu'il y a de plus admirable que tout le
reste, disais-je à mes jeunes auditeurs, ce qui
distingue Victor Hugo entre tous les poètes
modernes, ce qui fait de lui un homme de
la grande race saine et robuste dont il était,
à notre époque, le dernier représentant de
génie, c'est qu'avec lui le doute et la mélancolie n'ont jamais le dernier mot. « Il est op-
timiste. Il espère. Il croit en Dieu et en l'immortalité de l'âme, comme y croyaient nos
pères, comme y croyaient les classiques,
comme y croyaient les anciens. »

Je rappelai tous les plus célèbres textes en
vers et en prose où le noble poète console et
relève l'humanité par la promesse d'une vie
meilleure. Si la dernière page du *Post-Scriptum de ma Vie* avait été connue alors, je l'au-

rais citée. Je développai, d'après ses ouvrages, la belle doctrine de l'immortalité conditionnelle, de cette survivance qu'il faut mériter et qui n'appartient qu'aux âmes supérieures, aux esprits victorieux de la matière, aux natures d'élite que Gœthe nomme, après Aristote, « les grandes entéléchies ».

Mes souvenirs personnels complétèrent les textes. Je racontai successivement l'apologue des deux vers de Dante, l'antique symbole du papillon ailé qui sort de la chenille, et cette belle fable du bourdon, recueillie le 5 mai 1868, qui est probablement la perle de ma récolte commencée à Guernesey et finie à Paris.

Mais alors je songeai que j'avais bien mal répondu à l'honneur immense, à l'inestimable privilège que j'avais eu pendant plus de trois ans d'entretenir un tel homme, et je me repentis de ma légèreté. J'eus honte d'avoir opposé quelquefois la résistance de ma person-

nalité à des paroles de grand prix que j'aurais dû boire aussi avidement que la terre
hume et absorbe la rosée du ciel. Je regrettai
ma prétention outrecuidante et folle de m'ê-
tre fait le juge du poète, au lieu d'avoir été
uniquement son scribe et son greffier modeste. Je sentis la haute impertinence de
mes libres allures, le scandale de mes rires et
de mes irrévérencieuses gaietés. Cette fière
indépendance de ma critique, revendiquée si
orgueilleusement, me fit l'effet d'une sottise
amère et d'une noire ingratitude. J'eus la vision poignante de l'exquise et infatigable
bonté que le grand vieillard avait témoignée à
ma jeunesse sans éclat, sans expérience, sans
titres, sans œuvres, sans idées fortes, sans
longue et solide instruction...

Et, parmi ces remords qui troublaient ma
conscience, je me rappelai avec une volupté
mélancolique les séduisantes douceurs de l'île
enchanteresse et de son tiède climat, les heures d'inoubliable ivresse littéraire que j'avais

vécues à Hauteville House... Mon cœur dé-
faillit à tous ces souvenirs. Des larmes rem-
plirent mes yeux et coulèrent. Les sanglots
étouffaient ma voix. Je ne pus pas continuer.

TABLE DES MATIÈRES

III

IV

M. M. S. juillet 1870

J'ai lu, Monsieur, et je relirai
[votre] travail sur Sterne.
C'est un livre. Je suis en désaccord avec vous, dans le sens,
sur plusieurs points essentiels en
littérature ou en politique, mais
je rends pleine justice [aux] [belles]
qualités de votre excellent esprit.
Vous êtes un écrivain ingénieux
et vif, et vous avez une
pénétration sagace qui [mériterait]
de [ne] se tromper jamais. Votre
[amour] du Sterne aborde en
pays qui [fallait] la lecture
à des temps d'arrêt. Vous
avez ce grand don de l'écrivain:
[rendre] le lecteur pensif. Je vous
remercie de m'avoir [envoyé]
votre remarquable livre. De même
qu'il y a des [pays] de chiens,
il y a des livres de solitude.
[Un] livre qui résiste à son [délaissement est]
un bon livre. Votre livre m'a résisté. Je

lui ai fait porter cette
surcharge de mes longues
heures de rêverie et de travail,
et toutes les exigences de
ma pensée si difficile à
distraire. et s'il a été assez
ému de la tâche que je
lui imposais, il m'a charmé,
il m'a enseigné et renseigné,
et je leur envoie mon cordial
applaudissement

Victor Hugo

à mon ami Paul Stapfer